Marcus Reckewitz

Kleines kurioses
Küchenlexikon

Marcus Reckewitz

KLEINES KURIOSES KÜCHENLEXIKON

Mit Illustrationen von Olaf Schumacher

ANACONDA

Die Deutsche Nationalbibliothek verzeichnet diese Publikation in der
Deutschen Nationalbibliografie; detaillierte bibliografische Daten sind
im Internet unter http://dnb.d-nb.de abrufbar.

© 2011 Anaconda Verlag GmbH, Köln
Alle Rechte vorbehalten.
Innenillustrationen, Umschlagmotiv und -gestaltung: Olaf Schumacher
Printed in Czech Republic 2011
ISBN 978-3-86647-660-8
www.anacondaverlag.de
info@anaconda-verlag.de

INHALT

INHALT

INHALT

HORS D'ŒUVRE

Ein Wort vorweg ...

Kochen macht Spaß! Und Kochen ist seit geraumer Zeit schwer „in"! Kein TV-Sender, der nicht mittlerweile eine eigene Kochsendung hätte, kein TV-Magazin, das nicht eine Kochnische hätte. Und die über Zeitschriften, Kochbücher und über das Internet im Umlauf befindlichen Rezepte, dürften mittlerweile reichen, ganze Völkerschaften bis ans Ende aller Tage zu bekochen, ohne Langeweile aufkommen zu lassen.

Deshalb an dieser Stelle kein weiteres Kochbuch! Stattdessen ein wenig unterhaltsame und interessante Begleitmusik zu all dem, was in der Küche zusammengerührt und gebrutzelt wird. Für all diejenigen, die gerne kochen und/oder essen und die sich über Garzeiten hinaus auch für Hintergründiges interessieren. Deshalb an dieser Stelle also ein kleines vergnügliches Küchenlexikon mit jeder Menge kurioser Geschichten und Informationen rund ums Thema Essen und Genießen. Im Folgenden werden Sie zum Beispiel erfahren, von wem und wo die Pommes erfunden wurden oder die Spaghetti Carbonara, warum es auf dem Milbenkäse aus Sachsen kribbelt und krabbelt, warum der Hummer pfeift, wenn man ihn im kochenden Wasser zum Zwecke höherer Genüsse vor seinen Schöpfer führt, warum Männer lieber

Ketchup statt frische Tomaten essen sollten, welche Bedeutung das Verdauungsergebnis marokkanischer Ziegen für das extravagante Arganöl hat, wo man begeistert Marsriegel frittiert, warum ein Richter dereinst freiwillig 27.000 Bratwürstchen aß, warum die hochgelobte Mittelmeerdiät ohne eine entsprechende genetische Ausstattung vermutlich für die Katz ist und warum Matjes ziemlich pubertäre Leckerbissen sind u.v.a.m.

In diesem Sinne: Viel Spaß beim Lesen! Und beim anschließenden Verbreiten der hoffentlich gewonnenen, bisweilen skurrilen Erkenntnisse! ∽

APHRODISIAKA

Aber Glaube versetzt Berge ...

Was hat die Menschheit nicht schon alles geschluckt in der Hoffnung, ihre lahmen Lenden in erotisches Beben zu versetzen. Ob Seegurke, Robbenpenis, Austern, Haifischflossen, Bananen, Ginsengwurzeln, diverse Küchenkräuter oder rohe Eier, der Glaube an die aphrodisierende Kraft erotisch aufgeheizter Lebensmittel ist unerschütterlich – und natürlich ziemlich kalter Kaffee, naiv-volkstümlicher Aberglaube. Nur weil eine Morchel penisgleich stramm ans Licht drängt, muss sie nicht zwangsläufig eine vergleichbare Wirkung im Hosenlatz erzielen. Und nur weil eine Auster an eine Vulva erinnert, muss ihr Verzehr nicht zwangsläufig erotische Wallungen auslösen. Natürlich gibt es exotische Pflanzentees, die über Alkaloide eine enthemmende und damit auch eine erotisierende Wirkung erzielen können. Das kann man mit ein, zwei Gläsern Champagner aber auch. Vorausgesetzt, dass noch Leben in jenen Organen pulsiert, die man zu erotisieren gedenkt. Und natürlich gibt es pflanzliche Wirkstoffe, die mit durchblutungssteigernder Wirkung für einen erfreulichen Fortgang der Dinge sorgen können. Doch die sind in der Regel so gefährlich wie Viagra für Schlaganfallpatienten. Und außerdem befinden wir uns da bereits im Labor der Pharmazie und nicht mehr zu Tisch.

Unterm Strich gilt: Angeblich aphrodisierende Genuss- und Lebensmittel wirken, wenn überhaupt, vor allem im Kopf. Und der ist fürs Erotische das Wichtigste. Denn hier, und nicht im Hosenlatz, liegt das Zentrum sinnlichen Begehrens. Es ist die Hoffnung, dass es nach dem Verzehr von Ginseng und Co. nun bald losgehe, es ist der Glaube ans Gelingen, der die Leisten zittern lässt. Dass der Glaube wirkt und wie sehr er wirkt, dafür mag als Beweis die hübsche Geschichte von Ninon de Lenclos (1620-1705) angeführt sein, die berühmt war wegen ihrer Bildung und Schönheit, in deren Salon die Geistesgrößen der Zeit verkehrten, und die eine der größten Liebeskünstlerinnen aller Zeiten war. Sie pflegte vor erotischen Abenteuern im

Glauben an seine sinnliche Wirkung Spargel zu essen – zu zweit und in rauen Mengen. Und das bis ins hohe Alter. Als der selbst bereits ergraute Abbé Gedouin, der um ihrer Schönheit und Liebeskünste willen sogar aus dem Jesuitenkloster ausgetreten war, an die Angebetete mit seinem erotischen Begehr herantrat, verweigerte sich die 79-Jährige zunächst mit dem Verweis auf die Spargelsaison im Mai des folgenden Jahres – und ihren 80. Geburtstag!

Der Spargel kam – und dem Abbé vergingen Hören und Sehen. In Angelegenheiten des Glaubens war Madame de Lenclos bei ihm aber natürlich auch in besonders guten Händen.

ARGANÖL

Kulinarische und kosmetische Wunderwaffe aus Ziegenkötteln

Es ist sündhaft teuer, es schmeckt unglaublich intensiv nach Sesam und Haselnuss, es löst bei Star- und Amateurköchen hemmungslose Begeisterungsstürme aus, und es ist ein Öl mit einer bizarren Herstellungsmethode.

Ausgangsprodukt sind die Früchte des Arganbaums im Südwesten Marokkos, der nur hier gedeiht, weil er sich an die allein hier vorherrschenden klimatischen Verhältnisse am Rand der Sahara perfekt angepasst hat. Die Schwierigkeit der Ölherstellung besteht darin, an den ölhaltigen Kern der gelben, pflaumengroßen Früchte heranzukommen. Denn zum Schutz vor Fressfeinden bietet der Baum ein dichtes Dornen-Dickicht auf. Wollte ein Mensch zur Ernte der reifen Früchte in den Baum klettern, würde er wahrscheinlich wie nach einer Akupunktursitzung mit Zimmermannsnägeln auf den Boden der Tatsachen zurückkehren.

Also muss man entweder warten, bis die reifen Früchte fallen. Was aber den Nachteil hat, dass man dann das Fruchtfleisch mühselig

vom Kern entfernen muss. Oder man lässt die Ziegen in den Baum. Ziegen machen die Dornen nämlich nichts aus. Und Ziegen lieben die Früchte der Arganbäume, die sie samt Fruchtkern fressen. Dann kommen sie wieder runter vom Baum, ziehen durch die Landschaft, lassen währenddessen die Arganfrucht durch ihren Darm gleiten und kötteln die Kerne – vom verdauten Fruchtfleisch fein säuberlich befreit – wieder aus.

Was jetzt folgt, ist traditionell die Arbeit der hier lebenden Berberfrauen. Die vom Baum gefallenen Früchte sowie die geköttelten Kerne werden gesammelt und zwischen Steinen zerschlagen, woraufhin der mandelartige Inhalt zutage tritt, den man erst über Feuer röstet und schließlich zwischen zwei Mahlsteinen zermahlt. Die Brösel werden dann unter Zugabe von lauwarmem Wasser zu einer Paste verrührt und so lange von Hand geknetet, bis das Öl austritt. Je nach Qualität benötigt man 30 bis 100 Kilogramm Arganfrüchte und acht bis zwölf Stunden Arbeit, um einen Liter – garantiert keimfreies – Öl herzustellen.

Und dieses Öl soll sogar medizinische und kosmetische Wunder vollbringen: Es soll den Cholesterinspiegel senken, Herzinfarkt und Schlaganfall vorbeugen, Rheuma lindern, gegen Schuppen und Schuppenflechte wirken. Selbst Neurodermitiker sind begeistert. Und vor allem: Es soll gegen die natürliche Zellalterung wirken, Knitterfalten und Krähenfüße beseitigen! Es verspricht also ewige Jugend! Wahrlich, es ist wohl jeden Cent wert, dieses Wunderöl. ∾

BACKPULVER

Vom Backtrieb- zum Allheilmittel

Dass ein Stück Kuchen sehr, sehr glücklich machen kann, weiß jeder, der mit den Nerven schon einmal am Boden oder restlos unterzuckert war. Dass die Menschheit aber einem der wichtigsten kleinen Helfer beim Heben und Aufblasen von Kuchenteig, nämlich schnödem Backpulver, auch die Befreiung von Schmerzen, Fieber und übelsten Katergefühlen verdankt, überrascht dann doch.

Man schrieb das Jahr 1928, als der Bundesstaat Indiana in den Vereinigten Staaten von einer Grippewelle überrollt wurde. Die Belegschaften der Firmen lagen niedergestreckt in verschwitzten heimischen Daunen, statt fürs Bruttosozialprodukt einzustehen. Alle Belegschaften? Nein, die Redaktion der Zeitung „The Elkhart Truth" war auf dem Posten, die gesamte Mannschaft. Hubble Beardsley, Vorstandsvorsitzender der in Elkhart ansässigen Miles Laboratories stellte ebendies völlig verwundert fest, als er seinen Freund, den Chefredakteur der tapferen Presserecken, Tom Keene, besuchte. Und der verriet ihm sein Hausrezept: jeden Tag für die Mannschaft eine Mischung aus heißem Zitronensaft, Acetylsalicylsäure und – Backpulver. Potztausend, dach-

te sich der Pharmachef Beardsley, das können wir auch. Und beauftragte den bei Miles angestellten englischen Chemiker Maurice Treener mit der Entwicklung einer marktreifen Tablette. Das Ergebnis war einer der größten Katerkiller und in Wasser aufgelösten Pharma-Erfolge der Geschichte: Alka-Seltzer. So erfolgreich, dass Bayer 1978 das Unternehmen Miles kaufte.

Und ehrlich waren sie auch noch. Jedenfalls klingt im Namen der kleine Küchenhelfer offen an: „Alka" steht nämlich für „mildes Alkali", ein seinerzeit gebräuchlicher Begriff für Backpulver (Natriumbicarbonat). Seltzer schließlich ist eine englische Verballhornung für Selterswasser (aus Selters von der Lahn), das für die Briten synonym für jedes Sprudelwasser steht. ∾

BAGUETTE

Skandal! Baguette keine originär französische Erfindung!

E s gibt nichts Besseres, wenn's ums Weißbrot geht! Punkt! Das Brot der Franzosen, das weltberühmte Baguette, ist nach wie vor das Maß der gebackenen Dinge. Und da sind sie stolz drauf, die Franzosen. Das Baguette ist ein heiliges Nationalsymbol.

Und wer hat's erfunden, das französische Heiligtum? Na, wer? Nein, eben nicht die Franzosen. Es waren die Österreicher!

Weißes Brot kannten die Franzosen natürlich auch vor dem segensreichen Knowhow-Import aus Österreich. Aber das feine, gemahlene, gesiebte, weiße Mehl war immer der Rohstoff für das Brot des Adels und der reichen Städter gewesen. Ein Luxus. Das Volk musste sich derweil mit dunklem und schwer verdaulichem Brot aus grobem Mehl und Kleie begnügen. Dieses Brot war rund, hatte die Form einer Kugel, also einer Boule, weshalb man den Bäcker bis heute in Frankreich einen Boulanger nennt.

Eine erste Demokratisierung der Mehl- und Brotordnung erfolgte – natürlich – während der Revolution (1789). Getreidespekulationen

hatten zuvor Hungersnöte ausgelöst, dann zur Erstürmung der Bäckereien und schließlich zur Erstürmung der Tuillerien geführt. Das Ende vom Lied war brottechnisch gesehen ein „pain de l'égalité" (mit Dekret vom 15.11.1793), ein etwas helleres Revolutionsmischbrot, bestehend aus drei Teilen Weizen und einem Teil Roggen oder Gerste. Das entsprach zwar dem revolutionären Wunsch nach Egalité im Brotregal, hatte aber weder optisch noch geschmacklich etwas mit dem zu tun, wovon heute alle Welt schwärmt.

Doch dann kamen die Österreicher, namentlich der Herr Baron Zang, Artillerieoffizier und Waffenproduzent, und eröffnete in den 1840er Jahren seine „Boulangerie Viennoise" – mitten in Paris. Im Schlepptau knapp tausend weitere österreichische Bäcker. Und die buken, was sie nun mal besonders gut backen konnten: das typisch längliche „pain viennois" mit seinen schrägen Einkerbungen an der Oberfläche. Um die unnachahmliche Qualität ihres Wiener Langbrotes zu gewährleisten, mussten sie zunächst spezielle Backöfen mit kleineren Türen als herkömmlich bauen, in denen sich Wasserdampf und Hitze länger hielten und mit denen erst die legendäre und sagenhaft knusprige Lasur herstellbar war.

Die euphorisierten Pariser Bäcker adaptierten den knüppelähnlichen Kulturimport umstandslos für ihre mindestens ebenso euphorisierte städtische Kundschaft. Von Paris aus eroberte die österreichische Brotflöte als gallisches Baguette schließlich ganz Frankreich: Um die zehn Milliarden Baguettes wandern heute jährlich in egalitäre französische Volksbäuche – und von welchem Volk würde man mehr als von den Franzosen ein Nationalsymbol erwarten, das man essen kann? Eben ... ∽

BEIZEN (MARINADEN)

Relikte für den verwöhnten Aasfresser

Machen wir uns nichts vor: Der Mensch, die Krone der Schöpfung, ist ein Aasfresser. Hyänen sind wir, Geier. Vergammeltes Fleisch ist es nämlich, was dem Menschen den höchsten und zartesten aller Fleischgenüsse verspricht. Das war einmal anders. Da lebte der Fleischfresser Mensch maßgeblich vom frisch erlegten Wild, fraß das Beutefleisch am liebsten roh, blutig, schlachtwarm. Mit der Beherrschung des Feuers kam die Grillparty in die Welt. Mit der Intelligenz kam die Ökonomie, mit der Ökonomie die erste Urform des Versorgungsmanagements – „Lagern", so lautete die Zauberformel der noch urtümlichen Nahrungsmittellogistik. Fortan hing und lag es also rum, das Fleisch. Erst in der Höhle, später im Keller. Und was machte es da, bis es bei Bedarf dem Gaumen zugeführt wurde? Gammeln. So jedenfalls nennt man jenen Prozess, in dessen Verlauf sich die Leichenstarre des erlegten Warmblüters löst, weil fleischeigene Enzyme (Proteasen) das erstarrte Eiweiß des Zellgewebes abbauen, bis schließlich hin zum Bindegewebe, das die einzelnen Zellen umgibt.

Das verfaulende und damit zart werdende Fleisch fängt aber irgendwann auch an, übel zu riechen (Hautgoût) und schlimmer noch: Es beginnt auch faulig zu schmecken. Dagegen nun erfand der Mensch schließlich die Beizen (Marinaden) und nicht zuletzt die Zugabe der aromatischen Preiselbeeren. Sie dienten vormals allesamt allein dazu, den Pesthauch und Gammelgeschmack des verfaulten Wildfleisches zu verdecken. Und sie dienten und dienen nicht, wie vielfach immer wieder behauptet wird, dazu, das Fleisch zarter zu machen. Zwar begünstigen die Säuren (Buttermilch, Essig, Wein) der Beizen jene Enzyme, die das Bindegewebe attackieren. Doch der viel wichtigere Effekt, den man mit dem Marinieren erzielt, liegt – neben einer geschmacklichen Komponente – im Anreichern des Fleisches mit Flüssigkeit, die beim Erhitzen als erste ausdampft, was wiederum dazu führt, dass das Fleisch mehr von seiner eigenen Zellflüssigkeit einbehält und damit saftiger bleibt. Das aber könnte man auch mit profanem Wässern erzielen.

Der eigentliche Zartmacher hingegen ist allein der vorangegangene Zersetzungsprozess. Beim Wildfleisch wie beim Zuchtfleisch. Und zart sollte es schon sein, das Steak, für den höchsten Genuss. Glücklicherweise kann man dank moderner Kühltechniken den nunmehr Fleischreifung genannten und zudem geschmackhebenden Prozess kontrolliert vornehmen, bis das Fleisch schließlich die perfekte Textur aufweist. Besser: „könnte", denn die große Kunst der Fleischreifung wird hierzulande kaum noch beherrscht bzw. angewandt. Warum? Zu teu-

er! Rindfleisch zum Beispiel kann in Kühlhäusern mit 75 Prozent Luftfeuchtigkeit bei null Grad und gutem Luftaustausch 14 bis 16 Wochen reifen, was sich hierzulande kein Metzger trauen dürfte, in den USA der ein oder andere Fleischspezialist aber tatsächlich einfach macht – wofür man ihnen die Bude einrennt. Doch was so lange rumliegt, kostet, zudem verliert es an Gewicht (bis zu 20 Prozent). Und was kostet, hat nicht das Zeug zum breiten Bestseller. Zudem hierzulande auch das Ordnungsamt bisweilen andere Vorstellungen als so mancher Feinschmecker davon hat, was noch genießbar ist und was in die Tonne gehört. Zwischen Ordnung und Genuss können schon mal Welten liegen. Also wird republikweit in der Regel viel zu kurz gelagertes und deshalb noch viel zu zähes Fleisch gemümmelt. Und das auch noch mehrheitlich von Milch- und nicht von den viel intensiver schmeckenden Fleischrindern. ∽

TIPPS ZUR FLEISCHREIFUNG

Wenn Sie kein Kaugummi, sondern zartes Gourmetfleisch wünschen, sollten Sie den Metzger Ihres Vertrauens einer Reifeprüfung unterziehen und ihn erstens fragen, ob die Fleischlieferanten sauber – also ohne Wachstumsförderer, ohne Antibiotika und all die anderen kleinen Gemeinheiten – großgezogen wurden, ob sie stressfrei geschlachtet wurden und wie lange er das jeweilige Fleisch abhängen lässt. Kann er ihnen zur Aufzucht keine Aussagen machen und unterschreitet er die im Folgenden angegebenen Lagerzeiten, sollten Sie ihm entweder laut schimpfend das Vertrauen sofort wieder entziehen – oder zumindest dankend ablehnen und den nächsten Metzger aufsuchen, bis Sie einen finden, der seinem Handwerk gewissenhaft nachgeht. So werden Sie auch Ihre Stadt kennen lernen, bis in den letzten Winkel – jede Wette. ∾

Rind

Tafelspitze, Braten aus der Keule, Bug, Nuss (Blume, Kugel), Unterschale, Oberschale	14-21 Tage unter Vakuum oder 14 Tage natur
Roastbeef, Hüfte, alle Steak-Arten, Filets	21-31 Tage unter Vakuum oder 14 Tage natur
T-Bone-Steaks	14-21 Tage natur und am Knochen gereift

Kalb

Bratenstücke aus der Keule, Schnitzel, Hüftsteaks, Schulter	18 Tage unter Vakuum oder 10-14 Tage natur
Rückensteaks, Filets	21-24 Tage unter Vakuum oder 14 Tage natur
Koteletts	14 Tage natur und am Knochen gereift

Schwein

Schweinefleisch ist nicht lange reiffähig und sollte spätestens drei Tage nach der Schlachtung verkauft und spätestens eine Woche nach der Schlachtung verarbeitet werden.

Lamm

Auch Lammfleisch ist nicht allzu lange reiffähig, sollte aber mindestens drei bis sechs Tage abgehangen sein.

BERLINER

Bodenloses Bezeichnungs-Babylon

Isch bin ein Beeliner!, rief Kennedy den Berlinern dereinst zu. Und log. Weil er ja ein gebürtiger Brookliner war. Und ein Brookliner ist nun mal kein Berliner. Unter einem Berliner versteht man einen in Berlin Geborenen. Oder ein mit Aprikosen-, Johannisbeer- oder Himbeerkonfitüre oder gar mit Eierlikör gefülltes rundes Gebäckstück. Auch Letzteres war Kennedy nicht. Letzteres wird zudem ausgerechnet von denjenigen, nach denen der Berliner benannt ist, nämlich von den Berlinern, gar nicht Berliner genannt. Die sagen Pfannkuchen zum Berliner. Dabei ist der Berliner gar kein Pfannkuchen. Der Berliner ist ein Krapfen.

Ein Krapfen und nicht – wie die Berliner sagen – ein Pfannkuchen ist der Berliner, weil ein Pfannkuchen ein flacher Eierkuchen ist, dessen Grundzutaten wie beim französischen Pannequet oder bei der Crêpe, beim österreichischen oder ungarischen Palatschinken, beim holländischen Pannekoeken oder bei der spanischen Tortilla aus Eiern, Milch und Mehl besteht. Der Berliner hingegen ist ein kugelrundes, in siedendem Fett ausgebackenes Hefegebäck. Und das nennt man nun mal Krapfen von Althochdeutsch: Krapho, Mittelhochdeutsch: Krapfo

für Haken, Klaue. Der heutige runde Berliner ist sprachlich korrekt also der Nachfahre eines hakenartigen Gebäcks aus dem Mittelalter.

In Süddeutschland und in Österreich ist man korrekt. Da heißt der Berliner, wie er heißen muss, nämlich Krapfen bzw. Faschingskrapfen (weil er, wie im Rheinland, gerne zum Fasching/Karneval gereicht wird). Im Westen Deutschlands sagt man unkorrekt einfach „Berliner Ballen", anderswo heißt er noch unkorrekter „Krebbel". Und in Pirmasens sagt man „Fasnachtskiechelcher".

Und warum sind die Berliner rund? Dafür hat ein wehruntauglicher Berliner Bäcker gesorgt. Den hatte man im Siebenjährigen Krieg statt wie gewünscht zur preußischen Artillerie in die Feldküche geschickt. Dort kamen ihm die kugelrunden Berliner in den Sinn. Als Ersatz für die Kanonenkugeln, mit denen er sehr viel lieber zu tun gehabt hätte. So isser eben, der Berliner. ∾

BIO

Eine kleine Entzauberung
sehr populärer Mythen

Es war eine illustre Talkshow-Runde. Ernährung und Übergewicht war das Thema. Als einer der anwesenden Ernährungsberater die Kartoffel als gefährlichen Dickmacher geißelte (Stichwort Glyx-Diät), platzte es aus einem weiteren Gast der Gesprächsrunde, einer bekannten und durchaus gescheiten Nachrichtenmoderatorin, empört heraus: Also was das denn jetzt für ein Unsinn sei, so eine Kartoffel, also vor allem so eine gesunde Bio-Kartoffel, die würde doch wohl nicht dick machen, die sei doch einfach nur gesund.

Und damit offenbarte die gute Frau, was in den Köpfen der meisten Menschen zum Thema Bio, dick und dünn, gesund und ungesund, nach wie vor für ein bizarres Irrlichtern aus Unkenntnis und Mythen vorherrscht. Drum seien an dieser Stelle noch einmal die populärsten Legenden zum Thema Bio entzaubert:

1) Bio-Gemüse, -Obst oder -Fleisch wirken sich auf das Köpergewicht genauso aus wie herkömmliche Lebensmittel. Wenn Kartoffeln dick machen, dann machen auch Bio-Kartoffeln dick.

2) Bio-Gemüse und -Obst ist ernährungsphysiologisch nicht wertvoller als herkömmliches. Wie viele Vitamine, Spurenelemente oder Mineralstoffe im Apfel sind, hängt weit mehr von der Sorte als von der Herstellungsmethode ab. Bio-Produkte weisen bisweilen allerdings weniger Wasser und damit eine höhere Konzentration dieser Elemente auf.

3) Bio-Gemüse und -Obst schmeckt objektiv nicht besser. Keine Blindstudie konnte diese immer wieder gern kolportierte Legende bestätigen.

4) Bio-Kost ist per se nicht gesund. Wer sich mit Biokost einseitig ernährt, geht die gleichen Risiken ein wie derjenige, der sich herkömmlich einseitig ernährt.

Aber: Bio ist eine Herstellungsmethode, die unter Verzicht auf die herkömmlichen ca. 650 Pestizide und Fungizide etc. Obst, Gemüse und Getreide umweltschonend produziert (mit einer entsprechend niedrigen Belastung dieser Stoffe) und Nutztiere streng artgerecht hält und schonend, also stressfrei schlachtet. Letzteres schmeckt man übrigens – auch objektiv, im Blindtest. Und das alles reicht als Argument für Bio völlig aus. Wie gesund Sie aber leben oder sterben, hängt nicht vom Bio-Label ab. ∼

BOCK(BIER)WURST

Das macht Bock: einen Knacker zum Bier

Selbst Feinschmecker geben sich hin und wieder an der Wurstbude ihrem Trieb hin. Es ist meist ein unbezwingbarer, spontaner Heißhunger, es muss dann einfach sein, jetzt, auf der Straße, auf einem Papptablett mit Senf: eine Bockwurst.

Ob es das berühmte und vom Naturdarm herrührende Knacken beim Reinbeißen ist, das sie so beliebt macht, oder der feingekutterte und mit Salz, weißem Pfeffer und Paprika gewürzte Inhalt? Vielleicht ist es einfach die Kombi. Drin ist im Übrigen nicht, wie der Name vermuten lassen könnte, Fleisch vom Schaf- oder Ziegenbock, sondern einfaches Schweinemett. Und „Bock"wurst heißt der heiße Würstchensnack auch nicht, weil ein Metzgermeister namens Bock sie erfunden hätte, wie es bisweilen behauptet wird.

Es war vielmehr der Berliner Kneipier Richard Scholtz, der sie 1889 erstmals in seiner Gaststätte in Berlin-Kreuzberg, in der Skalitzer Str. 46 b, Ecke Wendenplatz (heute Spreewaldplatz) seinen Gästen reichte. Die riefen beim Wirt alsbald immer wieder gern nach seiner „Kahlen" oder einer „Heeßen" oder eben nach einer „Bock-

wurst", weil die Brühwurst ein beliebter Begleiter zum ebenfalls gereichten Bockbier war.

Bockbier wiederum ist ein seit dem 15. Jahrhundert gebrautes traditionelles Spezialbier aus der niedersächsischen Stadt Einbeck, dessen Rezeptur im Jahre 1614 ein Braumeister namens Elias Pichler an den kurfürstlichen Hof nach München importierte. Aus dem damals sehr beliebten „Ainpöckisch Bier" genannten Braustoff machte man auf Bayrisch dann einfach ein „Oakbockbier", das man sprachlich späterhin zum einfachen Bockbier einkürzte. Und in Berlin drückte man sich zum Bock beim Scholtz halt gerne noch ein Würstchen in die Backen. Es dürfte sich also beim Bockbierwurstkult um einen ganz seltenen sprachlich-kulinarischen Fall von erfolgreichem bayrisch-berlinerischem Teamwork handeln. Wenn nicht gar um den einzigen. ⌁

BRÖTCHEN

Der heldenhafte Kampf gegen Schamhaare im Teig

Eine der markantesten Meldungen aus dem Katastrophenkästchen des Ekel-Journalismus war die denkwürdige Verlautbarung, dass sich in unseren deutschen Brötchen Stoffe befänden, die aus „Schamhaaren thailändischer Prostituierter" gewonnen würden. Abgesehen von der durchaus interessanten Vorstellung, dass deutsche Abgesandte der Bäckerinnung in Thailand vor Ort und in situ den begehrten Rohstoff ernten, verbarg sich bei genauerem Hinsehen hinter dem kleinen Sensationsschocker lediglich der schlichte Umstand, dass von der Lebensmittelchemie für die Gewinnung eines Teigzusatzes asiatisches Menschen(haupt!)haar als Ausgangsprodukt verwandt wurde. Bei diesem Stoff handelte es sich um Cystein, eine Aminosäure, die auch synthetisch herstellbar ist und den industriell vorproduzierten Brot- und Brötchenfertigmischungen zugesetzt wurde, um den Teig geschmeidiger zu machen und ein Verkleben mit den Knetmaschinen zu verhindern. Was ja recht angenehm ist. Wenn man Bäcker ist.

„Ist ja widerlich!", schrie die Konsumentenschaft unisono auf. Den Backmittelherstellern fuhr daraufhin der Schreck in die Glieder und

man verzichtete auf einen weiteren Einsatz von Cystein aus Menschenhaar – freiwillig. Brüssel aber setzte sich schließlich heldenhaft an die Spitze der Bewegung und verfügte eisenhart und mit Wirkung vom 1. April 2001 mittels einer EU-Verordnung, dass Cystein aus Menschenhaar nicht mehr verwendet werden darf. Da war man beeindruckt, als Konsument.

Cystein darf seitdem bestenfalls noch aus Schweineborsten gewonnen werden. Da ist man platt. Selbst als Bäcker. ∾

BUTTER

Vom hanseatischen Kulturexport zum Schmerbauch vom „Dicken"

In den fetten Wirtschaftswunderzeiten wär' sie infolge einer kollektiven Cholesterinhysterie fast abgeschmiert. Damals glaubte man, das Cholesterin in der Butter sei Schuld am massenhaften Herzkasper. Angsthasen und Genussdeserteure setzten fortan auf Margarine. Von der glaubt man heute, dass sie wegen der Transfettsäuren gefährlicher als Butter war. Heute glaubt man ferner, dass Butter gesünder ist als Margarine, wegen der ungesättigten Fettsäuren zum Beispiel. Alles sehr kompliziert, das Spiel mit Fett und Infarkt. Ende offen.

Genießer lassen bis heute eh nix auf ihre Butter kommen. Vielleicht ein bisschen Fleur de Sel. Mehr nicht. Alle anderen hauen sich Käse und Wurst auf die Brotschmiere. Das Ergebnis nennt man dann Stulle, Knifte, Bütterken, Dubbel, Bemme oder einfach Butterbrot. Und das ist typisch deutsch, besser gesagt norddeutsch. Im Nordwesten Deutschlands fing man nämlich damit an, Brot mit Butter zu bestreichen – statt Getreidebrei zu schlabbern oder Brot in die Biersuppe zu stippen. Das war im 14. Jahrhundert. Spätestens. Die Hanse sorgte dann dafür, dass sich diese Tradition in ihrem Handelsbereich – in

Mittel- und Nordeuropa – im 15. und 16. Jahrhundert durchsetzte. Sie brachte die Butterüberschüsse aus Nordeuropa fassweise in die Hansestädte. Halt- und transportierbar hatte man sie durch die ebenfalls im Norden etablierte Salzkonservierung gemacht.

Im Süden hat sich die Butter auf Brot nicht wirklich durchsetzen können. Hier bevorzugte man im Gegensatz zum Norden traditionell kräftige Brotgewürze, und die kollidierten geschmacklich mit so manchem Brotbelag, vor allem mit den süßen Varianten. Bis heute spielt auf dem berühmten Brotzeitteller unserer Südstaatler Butter keine Rolle.

In Deutschland hat sich die Butter sprachlich aus dem griechisch/römischen butyron/butyrum durchgesetzt, was so viel wie „Kuhquark" heißt. Das schwedische smör begegnet uns noch in Worten wie „Schmer", „schmieren" und auch im „Schmerbauch". Apropos Schmerbauch: Altkanzler Kohl war wohl einer der größten Butterjunkies. Das jedenfalls gab der ehemalige schwedische Regierungschef Persson zu Protokoll. Der Altkanzler, bis dahin bekannt für Saumagen und „Garamellbudding", soll sich bei einem Arbeitsessen 1998, bei dem die Einführung des Euros Gegenstand heftiger Diskussionen war, erst beruhigt haben, nachdem man ihm tellerweise Butter gereicht hatte – pur, kalt und in handliche 10-Gramm-Stückchen geschnitten. ∽

CERVELAT

Rest- und hirnloses deutsch-helvetisches Wurstchaos

K önnte man da mal für Ordnung sorgen? Das helle Chaos herrscht da! Wurstchaos! Dass es sich um eine Wurst handelt, das ist so ziemlich das Einzige, was klar ist. Ansonsten: Nix Genaues weiß man nicht. Heißt sie nun Cervelas, Cervelat, Cervela, Zervelat, Servela oder Zervela? In der Schweiz hat man sich 1998 offiziell auf „Cervelas" geeinigt. Offiziell! Inoffiziell herrscht schreibtechnisch nach wie vor die nackte Anarchie. Zumal der neue Duden immer noch bockig-deutsch für die Schweizer auf Cervelat (pl. Cervelats) beharrt (über die Italiener und ihre Servelat wollen wir hier gar nicht erst nachdenken). Und schon sind wir beim nächsten Problem: Der (oder die?) Schweizer Cervelas ist wieder was ganz anderes als die deutsche Zervelat(wurst). Bei Letzterer handelt es sich um eine geräucherte Rohwurst, ähnlich einer Salami mit feiner Körnung. Die Schweizer hingegen beißen bei ihrem Cervelas in eine Brühwurst ähnlich einer Bockwurst (die in Basel Klöpfer und in Zürich Servila und in St. Gallen Stumpen genannt wird – das nur so nebenbei).

Drin ist aber heutzutage in all diesen Würsten in keinem Fall mehr jene Zutat, nach der sie wahrscheinlich dereinst benannt wurden:

Hirn (fr. cervelle/cerveau). Drin hingegen ist Rind- und Schweinefleisch, Schweineschwarte und verschiedene Gewürze, die nach Gusto des Metzgers dosiert werden. In keinem Fall aber ist Hirsch drin. Der aber müsste drin sein oder drin gewesen sein, irgendwann einmal. Jedenfalls wenn man einer Schweizer Legende glaubt. Derzufolge ist der Name Cervelas auf den Umstand zurückzuführen, dass die Schweizer Städte als Notration in den Gräben um ihre Städte dereinst Hirsche hielten, die dort weideten und im Falle der nicht unüblichen Belagerungen geschlachtet wurden. Anschließend habe man die Bevölkerung mit dem Ruf: „Le Cerf est là" (Der Hirsch ist da) zu Tisch gebeten. Oder kommt die Cervelas einfach von „Servez-la" (Tischen Sie sie auf)? Nichts Genaues weiß man eben nicht. Wahrscheinlich ist das alles aber einfach nur gnadenloser Unsinn.

Sicher ist nur eins: Es ist zum Verzweifeln. Und schlimmer noch als beim Berliner (s. S. 27)! Viel schlimmer! ∾

CHICORÉE

Ein Bitterling, geboren im Keller und in dunklen Zeiten

So bitter wie die Zeiten, in denen es (eben nicht) das Licht der Welt erblickte, so bitter das Gewächs, das in diesen Zeiten seine Karriere begann: Der Chicorée ist ein Gewächs des Hungers, genauer gesagt: bitteren belgischen Hungers. Entdeckt hatte ihn der belgische Obergärtner Fransiscus Breziers bereits Mitte der 1830er Jahre bei Experimenten in den Kellergewölben des Botanischen Gartens von Brüssel. Aus Zichorienwurzeln, die schon einmal gekeimt hatten und die er anschließend erneut ins Erdreich eingebracht hatte, wuchsen plötzlich helle salatkopfartige Triebe, die allein deshalb verzehrbar waren, weil unter Lichtabschluss die natürlichen Bitterstoffe der Zichorie einigermaßen im Zaum gehalten wurden. Breziers taufte den kleinen Bitterling „witloof", also weißes (wit) Blatt (loof).

Es verging die Zeit, es kam der Hunger. Nämlich im Jahre 1848, dem Revolutionsjahr, das der ohnehin schon am Boden liegenden flämischen Textilindustrie den Rest gab. Frost und Missernten bescherten den Menschen schließlich eine veritable Hungersnot. Da wurde Cichorium intybus (fr. Chicorée) plötzlich zum Hoffnungsträger und Rettungsanker, weil selbst der Bitterling besser schmeckte als olle Pfer-

dekadaver und die ewige Rübensuppe. Rund um Brüssel bauten die Kleinbauern Chicorée fortan im großen Stil an. Das war der Startschuss für die Karriere in der Salatschüssel. In Deutschland machte Chicorée allerdings erst in der 1950ern von sich Reden.

Chicorée ist also ein ziemlich junges Gemüse. Seinen Ahnen, die Zichorie (Wegwarte), kannte man als Gemüse und Heilpflanze schon seit ewigen Zeiten. Berüchtigt war der seit Beginn des 18. Jahrhunderts aus gerösteten Wurzelteilen gewonnene Zichorien-„Kaffee", den vor allem der preußische Alte Fritz propagierte, um die Devisen für den echten Bohnenkaffee zu sparen. Im Rheinland nannte man unter napoleonischer Besatzung derlei Kaffeeschummelei einfach „Muckefuck", was aber keine, wie oft behauptet wird, Verballhornung von „mocca faux" („falscher Mocca") darstellt, sondern sich aus dem rheinischen „Mucken" für „braune Erde" und dem rheinischen „fuck" für „faul" zusammensetzt und somit einfach einen braun gefärbten, ziemlich faulen Zauber umschreibt. ∾

CHILI

Elefantenkiller und Monsterwürze

Er ist klein und rot. Sieht hübsch aus. Und zwingt Elefanten in die Knie. Wir reden vom schärfsten Chili der Welt. Und scharf heißt in diesem Fall wirklich scharf. Höllenscharf. Im Jahre 2000 wurde er entdeckt, in der Gegend der indischen Stadt Tezpur. Naga Jolokia schimpft sich das Teufelsgewächs. Um marodierende wilde Elefanten im Nordosten Indiens von menschlichen Siedlungen fernzuhalten und damit tödliche Zwischenfälle zu vermeiden, streichen Wildhüter eine Mixtur aus Autofett und der auch Geisterchili genannten Monsterwürze auf die Grenzzäune der Dörfer. Das hilft.

Der Stoff, der einerseits Elefanten weinen lässt, der andererseits aber Currys, Tom-Yum-Suppen oder Salsas eine geschmackhebende Schärfe zu verleihen in der Lage ist und in den unterschiedlichen Chilisorten in unterschiedlichster Dosierung steckt, der Stoff, aus dem die scharfen Träume sind, heißt Capsaicin. Und ist ein Glücklichmacher. Die Schärfe aktiviert nämlich über die Hitzerezeptoren die Ausschüttung von Endorphinen, körpereigenen Glückshormonen. Allerdings: Das ganze Gerede vom körpereigenen So

lighammer hat schon so mancher Chili-Junkie verflucht, wenn er unter Atemnot einfach nur nach einem Feuerlöscher röchelt.

Zumal nie wirklich klar ist, was nun wirklich scharf ist. Schärfe wird ja individuell unterschiedlich empfunden. Was beim einen Atemstillstand, Ohrensausen, Gesichtslähmung und dunkle Ahnungen vom Fe-

gefeuer hervorruft, lässt den Tischnachbarn nur leise hüsteln. Doch es gibt ihn, den objektiven Orientierungsmaßstab. Den verdanken wir einem Pharmakologen: Wilbur L. Scoville (1865-1942), der für ein Pharma-Unternehmen in Detroit einen Test zur Bestimmung des Capsaicins als Bestandteil einer Muskelsalbe („Heet") entwickelte.

Das Verfahren war denkbar einfach: Über Nacht wurde das pürierte Fruchtfleisch verschiedener Chilisorten in Alkohol gelegt. Der Capsaicin-Extrakt wurde dann mit einer gezuckerten Wasserlösung so lange verdünnt, bis die Zungen ausgewählter Testpersonen das Capsaicin nicht mehr schmecken konnten. Die so genannten Scoville-Units beschreiben nichts anderes als den Grad der Verdünnung. Brauchte man die 30- bis 50tausendfache Verdünnung, bis die Tester nichts mehr schmeckten, erhielt der betreffende Chili 30.000–50.000 Scoville-Einheiten (macht man heute mit der präziseren Flüssigkeits-Hochdruck-Chromatographie). Nur zur Orientierung: Tabasco hat 2500-5000 Scoville, Cayennepfeffer 30.000-50.000 Scoville. Und Naga Jolokia, der schärfste Chili der Welt, weist schlappe 850.000 Scoville-Units auf. ∽

CHILI-EINKAUFS-TIPPS

Frische und getrocknete Ware, Pasten, Saucen und Gewürzpulver auf Chilibasis erhält man in Asia-Geschäften, Thai-Shops, China-Markets sowie in türkischen, indischen oder auch Tex-Mex-Lebensmittelgeschäften. Hier erhalten Sie auch all die Hot Sauces mit so verheißungsvollen Namen wie „Pain & Suffering", „Pure Hell" oder „Endorphine Rush".

Damit Ihr nächstes Chili con carne aber nicht mit einem Katastrophenschutzeinsatz endet, sollten Sie beim Einkauf nach Schärfegrad oder Scoville-Units fragen (unten eine kleine Auswahl der bekannteren Sorten). Als Referenzwert: Reines Capsaicin hat 16 Millionen Scoville-Units. Und damit kann man sich vermutlich mühelos durch Stahlbeton brennen. ∾

Schärfegrad	Scoville-Units	Chili-Sorten
	0-10	Gemüsepaprika (rot,grün,gelb)
1	10-500	Peperoncino, Boldog, Czech Black
2	500-1000	Anaheim, New Mexican
3	1000-1500	Cascabella, Poblano
4	1500-2500	Ancho, Papilla, Cherry Pepper
5	2500-5000	Jalapeño, Bulgarian carrot
6	5000-15.000	Serrano, Dutch Red
7	15.000-30.000	Aji Amarilli
8	30.000-50.000	Cayenne, Pequín
9	50.000-100.000	Charleston Hot, Thai
10	100.000-300.000	Habanero, Scotch Bonnet
Aua!	570.000	Habanero „Red Savina"
Noch mehr Aua!!!	850.000	Naga Jolopia

DE GUSTIBUS NON EST DISPUTANDUM

Oder: Die Welt ist bunt

Über Geschmack soll man nicht streiten", heißt es seit den alten Römern. Dazu sind die Geschmäcker allenthalben zu unterschiedlich. Da herrscht Konsens hierzulande. Theoretisch. Praktisch überfällt hierzulande die meisten das große Würgen, wenn der Kambodschaner im TV vorführt, wie man gerösteten Vogelspinnen den Kopf abbeißt. Oder der Japaner herzhaft sein „Zazamushi" schmatzt, die schwarzen Larven der Köcherfliege. Das ist dann doch fremd. Essen und Trinken sind eben immer auch Ausdruck kultureller Identität. Und wer identifiziert sich hierzulande schon mit gekochten Hammelaugen, wie man es zum Beispiel im Jemen tut. Was aber nicht heißt, dass das Hammelauge nicht schmeckt. Dem Jemeniten jedenfalls schmeckt's.

Also hüte man sich hierzulande vor ethnozentrischer oder nationaler Überheblichkeit, vor Ab- und Ausgrenzung, denn erstens: Wenn in Afrika ein Heuschreckenschwarm in die Höhe steigt, dann fliegen da Tonnen von hochwertigem Protein durch die Luft, dreimal so viel Protein wie im Rind oder Schwein vorhanden sind. Ein Kilo Heuschrecken habe den Nährwert von elf Hotdogs oder sechs Pizzastücken oder fünf

Hamburgern, rechnet die Wissenschaft vor. Wo nicht Hering, Rind noch Huhn gedeihen, muss man sich eben mit alternativen Eiweißquellen den Hungerbauch füllen. Zweitens: Von außen betrachtet machen die hierzulande so angesehenen Austern und die beliebten Tintenfischtentakeln im Meeresfrüchtesalat keine sehr viel bessere Figur als die im australischen Busch verzehrten Holzbohrerraupen. Und drittens: Wo fängt das ausgrenzende Fremdeln an? Erst beim Meerschweinchenperuaner und Krokodilkrallenchinesen? Oder schon beim Schnepfendreckfranzosen? Oder auch schon beim Kuttelschwaben, beim Lüngerlbayern oder Labskausfriesen?

Auch hierzulande gibt es ja durchaus exotisch Anmutendes, aber eben immer nur für den, der es nicht gewohnt ist. Und dazu muss man noch nicht einmal jenen Matrosen anführen, der eines natürlichen Todes gestorben war und dem man unter Zeugen 52 Gegenstände aus dem Magen räumte, die man eher zum Inventar einer Rumpelkammer zählen würde. Da fanden sich Zinnlöffel, Stücke von Weißblechtrichtern und Gummireifen, ein Pfeifenfutteral, Nägel, Messer, Holzstücke u.v.a.m. Man möchte nur hoffen, dass es ihm zu Lebzeiten geschmeckt hat.

Also: Die Welt ist bunt. Wie bunt, dazu seien im Folgenden einige besonders bizarre Beispiele angeführt. Und beginnen wir mit ein paar Eigenheiten unseres westlichen Kulturkreises. Denn die Exotik beginnt unmittelbar vor unserer eigenen Haustür. ∾

- MILBENKÄSE -
Hin und her und rundherum
kriecht es, fliegt es mit Gebrumm

Was diesen pikant, ein wenig nach Harzer schmeckenden Käse bemäntelt, sieht aus wie bräunlicher Staub. Der Staub kann aber laufen. Er besteht nämlich aus Millionen von Milben, besser gesagt Käsemilben (Tyrolichus casei). Sein Aroma erhält diese seit gut 500 Jahren in Würchwitz, südlich von Leipzig produzierte Spezialität allein durch den Speichelfluss der Milben, denen man als Ausgangsprodukt faustgroße Quarkballen vorsetzt. Je länger die Milben sich am Quark laben, desto kleiner und kräftiger im Geschmack wird der Käse. Damit die kleinen Spinnentiere während ihrer

mehrmonatigen Arbeit noch was übrig lassen vom Quark, werden sie zusätzlich mit Roggenmehlkrumen gefüttert. Gegessen wird der fertige Käse mitsamt den krabbelnden Produzenten. Dazu gibt's Brot mit viel Butter und Bier. Nach dem Prinzip der Hyposensibilisierung soll er angeblich sogar Allergien gegen Hausstaubmilben lindern. So mancher männliche „Millnkäs"-Fan schwört gar auf eine potenzsteigernde Wirkung, was natürlich ziemlicher Käse ist (s. S. 10). ∾

- HAGGIS -
Derbe Delikatesse für Highländer

Wenn die rohen Zutaten für das schottische Nationalgericht auf der Anrichte liegen, denkt man eher an einen Flugzeugabsturz als an ein gepflegtes Dinner. Im Wesentlichen werden Leber, Lunge, Herz, Zunge und Talg vom Schaf klein geschnitten bzw. durchgedreht, mit Hafermehl und einer speziellen Gewürzmischung, in der besonders Chili und Muskat den Ton angeben, kräftig durchmischt, dann im Schafsmagen oder Ochsendarm zu einer prall gefüllten kugelrunden Wurst abgedreht und anschließend gegart. Zum feierlichen Verzehr wird er in Scheiben geschnitten und gerne zu einem Steckrüben-Kartoffelpüree und – natürlich – mit Whiskysauce gereicht. Nationaldichter Robert Burns (1759-1796) schrieb dereinst eine würdevolle „Address to a Haggis", die bei feierlichen Anlässen beim Anschnitt und nach einem „dram", einem Schluck Whiskey zum Auftakt, zitiert wird.

Jacques Chirac, dereinst Präsident der Franzosen, also der Gralshüter des guten Geschmacks, schalt wegen des resteverwertenden Schafsmagens die schottische Küche als die schlechteste Küche überhaupt – nach der finnischen. Das aber ist – wie gesagt – doch wohl Geschmacksache. Da sind sich die Schotten und die Finnen aber mal ganz einig! ∾

– ORTOLANE –
Ganzheitlicher „aristokratischer" Genuss

Was den Schotten ihr Haggis, ist den Franzosen ihr Ortolan. Das heißt: einigen ausgewählten, sehr gut betuchten und besonders feinschmeckenden Franzosen. Denn: Ortolane, jene spatzengroßen kleinen Vögelein, die man bei uns Fettammern nennt, stehen seit über einem Vierteljahrhundert auf der roten Liste der geschützten, weil vom Aussterben bedrohten Tiere. Mithin ist ihre Jagd strengstens verboten. Was die Franzosen aber nicht weiter kümmert. Über alle Verbote hinweg ist der Piepmatz jederzeit auf Bestellung in Feinschmeckerlokalen oder in geheimen Zusammenkünften für ca. 150 € das Stück zu bekommen.

Das Besondere ist die Art des Verzehrs. Das zuvor in einem Glas Armagnac getötete Vögelchen wird zunächst mit Salz und Pfeffer gewürzt, dann schnell und scharf angebraten und im eigenen Blut und Bratensaft schwimmend serviert. Anschließend beißt der Feinschmecker unterhalb des Kopfes herzhaft zu und verzehrt den kleinen Flattermann mitsamt Knöchelchen und Innerereien. Lediglich der Magen wird zuvor entfernt. Um beim genüsslichen Zerkauen die flüchtigen Aromen nicht entweichen zu lassen, legt der Kenner nach alter Väter Sitte eine Serviette über seinen Kopf. Einer Gesellschaft beizuwohnen, die diesem Ritual kollektiv nachgeht, hat etwas durchaus Bizarres. Neben dreißig Austern sollen übrigens Ortolane das letzte gewesen sein, was der sterbenskranke Francoise Mitterand am Silvesterabend 1995 zu sich nahm. Im Anschluss stellte er die Nahrungsaufnahme ein. Acht Tage später war er tot.

Ortolane waren seit jeher eine Delikatesse der gesalbten Häupter. Könige, Päpste, Zaren und alle, die sonst noch etwas auf sich hielten, delektierten sich an den kleinen Vögelein. Nicht umsonst spricht der Domherr Charcot, den Brillat-Savarin in seiner „Physiologie des Geschmacks" (1826) zitiert, von einem wahrhaft „aristokratischen Genuss", der sich einstelle, wenn man das kleine Fluggetier im Ganzen in den Mund schiebe. Denn nur dann gebe es „einen reichlichen Saft, um den ganzen Organismus einzuhüllen". ∾

– SCHNEPFENDRECK –

Extravaganter Vogelschiss

Ein absoluter „De-gustibus-Klassiker" ist der bis heute bei Gourmets, besonders in Frankreich, sehr geschätzte Schnepfendreck, der früher an europäischen Höfen ebenso beliebt war wie späterhin auch im bürgerlichen Haushalt. Selbiger ließ sich in Deutschland im 19. Jahrhundert von der Mutter aller deutschen Kochbücher, Henriette Davidis (1801–1876) beraten, die der Tradition entsprechend empfahl, die Schnepfe zwecks höherer Genüsse nicht auszunehmen und beim Braten Weißbrot unter den Vogel zu legen, „damit das Inwändige während des Bratens darauf falle". Und diese besondere Form des Brotbelags, „das Inwändige", war – und ist – nichts anderes als heiße, dampfende Vogelscheiße.

Einige Gourmets bevorzugen auch das Gedärm selbst – mitsamt Inhalt. Der besteht im Fall der Schnepfe zu 80 Prozent aus Würmern. Darm und Innereien des gebratenen Vogels (mit Ausnahme des bitter schmeckenden Magens und der Galle) werden klein gehackt und mit den unterschiedlichsten Zutaten wie Sardellen, Eigelb, Bröseln, Salz, Pfeffer, verschiedenen Kräutern wie Thymian und Rosmarin, aber auch mit Zitrone und gebratenem Speck oder Gänseleberpastete durcheinander gemengt, um dann im Ofen geröstet und überbacken zu werden. Geschmacklicher Mittelpunkt ist der hellgelbe, mit halbverdauten Larven und Würmern gefüllte Darm der Schnepfe, der Schnepfendreck. Guten Appetit! ∾

– MOLEKULARKÜCHE –
Genial oder geschmacklos?

Beim Aufspüren neuer Genüsse kann man schon mal auf seltsame Ideen kommen. Zum Beispiel in der neuen und so genannten Molekularküche. Avantgardistische Vorreiter sind der Spanier Ferran Adriàn mit seinem Restaurant „El Bulli" an der Costa Brava und Heston Blumenthal mit seiner „Fat Duck" unweit von London. Die Küchen dieser Restaurants sind mehr Labor denn Kochstelle. Spritzen, Pipetten, Siphons, flüssiger Stickstoff und einiges mehr aus dem Chemiebaukasten bestimmen hier die Szenerie. Die natürlichen Aggregatzustände und Texturen von Lebensmitteln werden mit großer Freude und Experimentierlust aufgelöst und in neue Gestaltformen überführt. Das Ergebnis sind abenteuerliche Kombinationen und kulinarische Extravaganzen.

Bei so mancher Seltsamkeit auf dem Teller fragt man sich dann: Was ist das wohl, was da vor mir liegt? In der Regel ist es jedenfalls nicht das, was es zu sein scheint. Bunte warme Gelatinestreifen entpuppen sich als Gemüsebeilage, die nach Paprika oder Staudensellerie schmecken – überzogen mit einem Hauch von Holzkohlenöl. Mit Kokossaft gefüllte und im Mund explodierende Ravioli offenbaren sich geschmacklich als eine Kombination aus Tintenfisch, Ingwer, Soja und Minze. Ob Eiscreme mit Rühreiaroma, Lutscher aus roter Bete, Suppen, die nach süßem Kuchenteig und Marzipan schmecken oder Lachs im Lakritzmantel, der Phantasie und dem Experiment sind kaum Grenzen gesetzt.

Das „El Bulli" hat drei Sterne und ist jedes Jahr innerhalb weniger Stunden für die gesamte Saison ausgebucht. Die „Fat Duck" wurde sogar als das beste Lokal der Welt bezeichnet, von 600 befragten Köchen und Gastrokritikern. Doch wie gesagt: De gustibus non est disputandum, Siebeck und vor allem seine weibliche Begleitung fühlten sich in der „Fat Duck" einfach nur „verarscht". „Wenn Blumenthal der beste Koch der Welt ist, dann bin ich eine Bratwurst." ❦

- DURIAN -
Stinkfrucht mit Fan-Gemeinde

Hebt man den Blick über den Tellerrand Richtung Asien, stößt man in Malaysia, auf Borneo, in Thailand, Indonesien, Japan, aber auch in China und vor allem in Hongkong auf die Durian, eine Frucht, an der sich die Geister scheiden. Und das hat Gründe: Die dunkelgelbe bis olivgrüne und in etwa footballgroße Durian, die wie eine atomar mutierte Monster-Litschi aussieht, verströmt einen Gestank, der in Worte zu kleiden schwierig ist. Am häufigsten bedient man sich des Vergleichs mit einer Mischung aus faulen Eiern, verdorbener Hundenahrung, überreifem Käse (Harzer oder Limburger), Zwiebeln und Ziegenbock. Vergleichbar mit dem Genuss von

Hering mit Blauschimmelkäse über einer offenen Kloake. Das Ganze übergossen mit Terpentin – eine Meisterleistung der Natur. Verständlich, dass in den betreffenden Ländern Asiens das Mitführen von Durianfrüchten in Flugzeugen, Taxis, in Bussen, auf Fähren oder in U-Bahnen häufig verboten ist. Verständlich auch, dass sich den meisten Europäern beim Inhalieren des Durian-Pesthauchs der Magen umdreht.

Doch die riesige Fan-Gemeinde liebt ihre Stinkfrucht nicht wegen ihrer olfaktorischen Vorzüge, sondern wegen des einzigartigen Geschmacks des rahmfarbenen und sehr weichen, fast puddingartigen Samenmantels, der in der Regel direkt und ohne weitere Zutat roh verspeist wird. Die meist asiatischen Durian-Fans vergleichen das Fleisch des Samenmantels gerne mit einem Vanillepudding, der mit Mandeln gewürzt ist, ein wenig nach Frischkäse und süßer Zwiebelsauce oder Himbeersirup sowie nach Sherry schmeckt.

Für die europäische Fraktion der Durian-Liebhaber, die es in der Tat auch gibt, sei Alfred Russel Wallace (1823–1913), britischer Zoologe und Forschungsreisender, zitiert, der schrieb, eine Durian schmecke wie eine kräftige, butterähnliche Eiercreme, aromatisiert mit Mandeln, weder sauer noch süß oder fruchtig, aber das sei egal, man vermisse nämlich nichts von alldem, weil die Durian, so wie sie sei, eben einfach perfekt schmecke! ∽

- BALUT -
Gekochtes Überraschungsei

Eine sehr eigenwillige Art, ein gekochtes Ei zu verspeisen, stammt von den Philippinen. Die „Balut" genannte Spezialität besteht aus einem weich gekochten Entenei, in dem sich ein 16 bis 18 Tage alter Embryo befindet. Der Genuss besteht nun darin, das runde Ende des Eis pfenniggroß aufzuschlagen wie ein normales Hühnerei und dann zunächst einmal die zuvor gesalzene, etwas matschige gelbliche Flüssigkeit auszusaugen. Anschließend beißt man herzhaft in den von der Eierschale befreiten, zu einem kleinen Ball geformten und gekochten Fetus mitsamt Knöchelchen, Augen, Schnabel und ersten Federansätzen. Ein bisschen Salz und/oder ein Schuss Essig, auch geriebener Ingwer dürfen nicht fehlen.

Auf den Philippinen wird Balut von Straßenverkäufern aus Warmhaltekörben als kleine Zwischenmahlzeit für wenig Geld angeboten. Mittlerweile kann man sich aber auch in anderen asiatischen Ländern, besonders in Vietnam, an Balut delektieren. Was den Philippinos ausgesprochen gut schmeckt, die geschmackliche Kombination aus Salz und Schärfe des Fleisches, die Kombination aus Flüssigkeit und zartem bis widerständig Feststofflichem, das auch schon mal beim Kauen ein bisschen knacken kann, empfinden die meisten Touristen als absolut widerlich. Man muss wohl damit aufgewachsen sein, um Balut zu lieben. Aber dann schmeckt's. ❧

DOUGHNUT

Das mittige Nichts macht's

Er ist ein typisch amerikanischer Gebäck-Snack, der Doughnut oder sprachverkürzte Donut, der Hefeteigkringel mit seinem Loch in der Mitte. Aus Holland sollen die englischen und sehr puritanischen Pilgerväter den im heißen Öl als „olykoek" ausgebackenen Hefeklops zu Beginn des 16. Jahrhunderts auf ihrer Flucht nach Amerika mitgenommen haben. Damals aber noch ohne Loch. Zu Beginn des 19. Jahrhunderts wird der Teigkloß das erste Mal von einem Amerikaner schriftlich erwähnt, der das Leben holländischer Siedler in New Amsterdam (später New York) beschrieb. Die immer noch lochlosen Teigkugeln nannten sie „dough nuts", also Nüsse (nuts) aus Teig (dough) oder Teignüsse, weil man in die nicht wirklich ausgebackene und also klebrig-matschige Mitte Nüsse implantierte. Manch einer behauptet auch, das „nut" käme vielmehr vom „knot" also vom Knoten, weil die Holländer den Teig ursprünglich auch gerne in dekorative Zopfknoten geformt hätten.

Die entscheidende Frage jedoch bleibt: Wie kam das Loch in den Klops? Daran soll der Schiffskapitän Mason Crockett Gregory im Jahre 1847 schuld gewesen sein. Angeblich mochte er die glitschige Mitte oder die Nüsse in den von seiner Mutter Elisabeth gebackenen Teig-

klößen nicht. Also habe er die Mitte einfach ausgestochen. Vielleicht benötigte er aber das Loch auch, um seinen Gebäck-Snack beim Steuern des Schiffes auf die Speichenverlängerung des Steuerrades als Zwischenablage stecken zu können. Man weiß es nicht wirklich.

Seit den 1960ern verkauft man in den Staaten sogar die „doughnut holes". Und die bestehen keinesfalls aus heißer Luft, sondern aus den ausgestochenen Teigbällchen. Die Amis machen selbst aus Löchern Kohle! Gelobtes Land! ༄

DRESDNER CHRISTSTOLLEN

Vom trockenen Fastengebäck zum butterfetten PR-Riesen

Schmeckte grausam und war rappeltrocken, der sächsische Christstollen. War ursprünglich ja auch ein klösterliches Fastengebäck, bestehend aus Wasser, etwas (Rüben-)Öl, Hefe und Weizen. Es fehlten Sultaninen, Zucker, Muskatblüte, Zitronat, Orangeat, Mandeln, Puderzucker und vor allem Butter! Butter war verboten. War ja ein Fastengebäck. Die Butter-Erlaubnis kam erst gegen Ende des 15. Jahrhunderts aus Rom, vom Papst. Und war von den Sachsen teuer bezahlt worden, denn der Papst brauchte Geld für den Bau vom Dom in Freiberg.

Über die Jahrhunderte hinweg gab man sich nunmehr in Sachsen alle Mühe, den Christstollen zu verfeinern. Was zweifelsfrei gelang. Besonders in Dresden. Und da ist man stolz drauf in Dresden. Und weil man auch in Dresden mittlerweile weiß, was PR ist, feiert man seit 1994 in der Adventszeit im Rahmen des traditionellen Striezelmarktes das so genannte Stollenfest. Ein eigens dafür gebackener, ca. 3,5 Tonnen schwerer Dresdner Christstollen wird auf einem Stollenwagen

durch die Altstadt gezogen und schließlich mit einem 1,6 Meter langen Stollenmesser vom Oberbürgermeister für einen guten Zweck angeschnitten und verkauft.

Auf die Idee zu diesem touristischen Marketinggag war man über den Riesenstollen von August dem Starken (1670-1733) gekommen. Der Barockfürst hatte seine Armee prunkvoll aufgerüstet und zu ihrer Besichtigung 1730 ein vierwöchiges „Manöver" im sächsischen Zeithain veranstaltet, eine riesige Militär-Kirmes mit bunten Fahnen, Musik, allerlei Lustbarkeiten, mit Rumms und Bums und Dschingderassabumm.

Einen Höhepunkt für die hochwohlgeborenen Manövergäste stellte zweifelsohne der kolossale Lagerkuchen dar. An die 100 Bäcker und Konditoren hatten den 1,8 Tonnen schweren und „14 Ellen langen Lagerkuchen" hergestellt. Acht Pferde mussten den Wagen ziehen, auf dem man den Stollen präsentierte. Ein eigener Ofen war extra gebaut worden, um diesen gigantischen Teigballen zu erhitzen. Ein Zimmermann schnitt das Rekordbackwerk schließlich mit einem Krummsäbel an. Manch einer der Gäste soll sein Scheibchen wie eine Reliquie noch jahrzehntelang in Erinnerung an das „Zeithainer Lustlager" aufbewahrt haben. ∾

ENTENMUSCHELN

Tödliche Ernte für eine hässliche Delikatesse

E rstaunlich, dass etwas, was so hässlich ist, auf dem Teller Karriere machen kann. Auf dem Teller muten die aufgehäuften Entenmuscheln wie handtellergroße Pranken an, mit ledernen Fingern, die am Ende schillernd verhornt und verwachsen sind. Wegen ihres Aussehens nennt man die Muschelfinger auch Elefantenfüße, was die Optik sprachlich auf den Punkt bringt und zudem weniger verwirrend ist als der Name Entenmuschel. Die Muschel ist in Wirklichkeit nämlich ein Krebs. Um an das gekochte „Muschel"fleisch zu gelangen, pflückt man sich vom Teller einen einzelnen Finger, packt die Entenmuschel an ihrem verhornten Ende, knickt sie an der Nahtstelle zur Lederhaut ab und zieht aus derselben das Muschelfleisch heraus.

Hierzulande bekommt man sie in besonders gut bestückten Delikatessenläden, im KDW in Berlin zum Beispiel oder in ausgesuchten Feinschmeckerlokalen. In Spanien und Portugal sind die Percebes, wie man sie dort nennt, eine weitaus bekanntere Spezialität, für die man sehr viel Geld auf den Tisch legen muss. Bis zu 250 Euro zahlt man im Restaurant für ein Kilo.

Das ist ein stolzer Preis. Den höchsten Preis zahlen jedoch bisweilen diejenigen, die die Entenmuscheln von den rauen Küsten Galiziens und Portugals pflücken. Sie zahlen die Ernte nämlich hin und wieder mit ihrem Leben! Nicht umsonst nennt man den betreffenden spanischen Küstenabschnitt „Costa da morte" – Todesküste. Hier schlägt die Brandung mit einer derartigen Wucht gegen die schroffen, hohen Felsen, dass die von einem Wellenbeobachter an einem Seil den Felsen hinabgelassenen Muschelpflücker zu Brei zerschmettert werden, wenn sie nicht höllisch aufpassen. Aber nur hier in der tosenden Brandungszone gedeihen die Entenmuscheln, ernähren sich von den Planktonpartikeln des sauerstoffreichen aufgeschäumten Wassers. Also muss man da hin. In die Brandungszone. Koste es was es wolle. Sie leben schließlich davon, die Percebeiros, die Muschelpflücker. Und das erklärt dann auch den Preis. ❧

ERNÄHRUNG

„Gesund" ist, was dick macht?

Wer sich „gesund" ernährt, wird immer dicker! Hat man jetzt festgestellt. An der Cornell University im Staat New York. Studien hat man da ausgewertet und Probanden befragt. Das Ergebnis war ernüchternd und offenbarte die beschränkten Entscheidungsmuster des Menschen, sich im Dschungel der Ernährungsdogmen zurechtzufinden. So wurden die Probanden beispielsweise gebeten, den Kaloriengehalt von zwei Sandwichs zu schätzen, von denen man eines willkürlich als „gesund" deklariert hatte. Durchgängig unterschätzte man den Kaloriengehalt des „gesunden" Sandwichs, weil die meisten Probanden offenbar „gesund" mit „kalorienarm" gleichsetzten. De facto aber hatte das als „gesund" apostrophierte Sandwich um bis zu 50 Prozent mehr Kalorien als das „normale" Sandwich.

Eine zweiter fataler Mechanismus setzt im Anschluss an den Verzehr eines als „gesund" eingeschätzten Hauptganges ein: Im Glauben, dass man sich beim Hauptgang ja „gesund", also kalorienarm ernährt hat, bestellten die Versuchspersonen Getränke, Beilagen und Desserts, die bis zu 130 Prozent mehr Kalorien enthielten als wenn sie einen „normalen" Hauptgang bestellt hätten. Diese simplen Schwarz-Weiß-

Muster, nach denen der Mensch offenkundig tickt, erklären vielleicht, warum die Menschen in den westlichen Industrieländern, trotz des steigenden Konsums kalorienreduzierter und Bio-Kost, also der im allgemeinen Bewusstsein als „gesund" abgespeicherten Nahrungsmittel, immer dicker werden. Und es zeigt ein weiteres Mal, dass Ernährung ein sehr komplexer Vorgang ist – und dass der Mensch doch recht einfach gestrickt ist. ∽

FELDSALAT

Wie die Petersilie zur märchenhaften Rapunzel wurde

Das amouröse Gejammer des Prinzen am Fuße des Turms kennt jeder: „Rapunzel, Rapunzel, lass Dein Haar herunter!" Auch das Bild vom blonden Punzelchen, wie es sein güldenes Haar den Zwinger hinab lässt, an dem der Prinz die Mauer hinauf und seiner sexuellen Erfüllung entgegenkraxelt, auch das kennt man. Aber warum eigentlich heißt die Grimmsche Märchenbraut „Rapunzel"? Das ist doch ein etwas altertümlicher Begriff für Feldsalat. Würde der Prinz in neudeutscher Fassung also „Feldsalat, Feldsalat!" rufen? Das wäre doch restlos bescheuert! Also: Warum heißt die lüsterne kleine Prinzenbraut „Rapunzel"? Sehen Sie, da hört's dann schon auf. Dazu müsste man das Grimmsche Märchen mal gelesen haben, wozu wir an dieser Stelle aber keine Zeit haben. Deshalb die Story zum Verständnis im Telegrammstil:

Frau ist schwanger. Frau hat Heißhunger. Auf Rapunzel (Feldsalat!). Rapunzel wächst im Garten der Zauberin nebenan. Mann mutig. Mann rupft Salat. Mann wird erwischt. Mann kann sich aber freikaufen. Verspricht der Zauberin das Kind. Zauberin nimmt Kind. Kind heißt wie Heißhunger-Salat von Mutti: Rapunzel (sic!). Kind ist schön.

Zauberin sperrt Kind in den Turm. Zauberin kommt zu Besuch. Oft. Klettert immer am Haar vom Punzelchen empor. Weil: Turm hat keine Tür. Kind wird älter. Kind singt. Kommt Prinz, findet: Kind singt

schön. Prinz jammert: „Rapunzel, Rapunzel ..." Prinz will Liebe machen. Prinz macht Liebe, mit Kind. Prinz und Kind glücklich. Zauberin aber sauer, schwer sauer, schmeißt Prinz vom Turm. Prinz blind. Kind kommt in Wüstenei. Prinz irrt umher. Prinz stolpert in Wüstenei, findet Kind. Kind hat mittlerweile Zwillinge und weint – vor Glück. Kind weint Prinz voll. Mitten in die Augen, die blinden. Da kann Prinz wieder sehen. Alle glücklich. Außer Zauberin.

Also: Das Kind im Turm ist tatsächlich nach dem Gartengewächs Rapunzel bzw. Feldsalat benannt. Doch die von Jacob Grimm in die berühmte Sammlung aufgenommene Rapunzelstory beruhte auf der Übersetzung eines französischen Feenmärchens. Und im Original hießen Kraut und Kind „Persinette", also Petersilie. In der deutschen Übersetzung wurde aus der Petersilie plötzlich eine Rapunzel. Warum weiß keiner. Vielleicht, weil Petersilie in der Volksmedizin als Abtreibungsmittel galt? Egal warum: Streng genommen müsste unser Prinz am Gemäuer darbend also nicht „Rapunzel, Rapunzel" heulen, sondern „Petersilie, Petersilie ..."

Was für ein Unsinn manchmal in Märchen daherkommt. ∾

FISCHSTÄBCHEN

Eine coole Nachkriegs-Erfolgsstory

Clarence Birdseye? Schon mal gehört, den Namen? Nein? Hat aber Geschichte geschrieben, der Mann, Geschichte, die in den Tiefen auch Ihres Tiefkühlers lagert. Vermutlich in Form von Fischstäbchen. Jedenfalls, wenn Sie Kinder haben.

In jungen Jahren war Mr. Birdseye als Pelzhändler und Naturforscher für die amerikanische Regierung im Norden Alaskas unterwegs gewesen und hatte dort bei den Eskimos beobachtet, wie schnell gefangene Fische in Tiefkühlstarre verfielen, nach dem Auftauen aber ebenso genießbar waren wie in frischem Zustand. Basierend auf dieser Beobachtung machte sich Birdseye 1924 mit der von ihm entwickelten Schockgefrierung selbstständig und bot 1930 unter dem Markennamen „Birds Eye" in Massachusetts erstmals tiefgefrorenes Gemüse an. 1938 folgte eine Niederlassung in England. Und hier suchte man nach dem Zweiten Weltkrieg nach einer Möglichkeit, den mückernden Nachkriegskindern den im Überfluss vorhandenen Fisch schmackhaft zu machen. Die rettende Idee kam von der Firma „Birds Eye", die 1955 erstmals Fisch in die bekannte Stick-Form presste, panierte und als tiefgekühlte „Fish Fingers" anbot. Ein genialer und seit 1963 bei uns

als „Iglo"-Fischstäbchen vertriebener Verkaufsschlager mit der bekannten Folge, dass Kinder heute glauben, Fische seien rechteckig und hätten eine Haut aus Paniermehl.

Die antike Urheberschaft an der Erfindung der ersten Fischstäbchen unterstellt man übrigens gerne dem römischen Kaiser Elagabal (204-222), der mit seiner Prunk- und Verschwendungssucht seinen Mitmenschen derart auf die Nerven fiel, dass man ihn im zarten Alter von 18 Jahren zerstückelt in den Tiber warf. Seinen Gästen bot das gesalbte Haupt gerne Kamelfersen und Kämme, die man lebenden Hähnen abgeschnitten hatte, Zungen von Nachtigallen, Eingeweide von Meerbarben und Köpfe von Papageien, Fasanen und Pfauen, von denen das Hirn verzehrt werden sollte. Seinem Biographen Lampridius zufolge war er auch „der erste, der Gehacktes aus Fischen, aus verschiedenen Austernarten und anderen derartigen Seemuscheln, aus Heuschreckenkrebsen, Hummern und Meerzwiebeln zubereiten ließ".

In den heutigen Stäbchen ist hingegen kein gemeines Fischhack, sondern Alaska-Seelachs. Auf den musste man ausweichen, nachdem man erst den Kabeljau und dann den Seelachs (Köhler) überfischt hatte. Nun ja, ein bisschen Schwund ist halt immer. Und es ist doch für die Kinder! ∾

FLEISCH

Nektar fürs Köpfchen

Würde man sich die ca. zwei Millionen Jahre währende Geschichte der Menschheit auf 24 Stunden komprimiert vorstellen, dann würde der Zeitraum, während dessen der Mensch sich nicht hauptsächlich von der Jagd (und Aas), also von Fleisch ernährte, ca. sechs Minuten betragen. Das ist nicht sehr viel. Und die Wissenschaft weiß mittlerweile auch zu vermelden: Es war vor allem diese menschliche Fleischeslust, die ihn intelligenztechnisch innerhalb von zwei Millionen Jahren an die Spitze der Schöpfung katapultierte. Als Veganer, ohne Fleisch, ohne Innereien, ohne Hirn und Mark auf dem Speiseplan wäre der Mensch ein Nüsse knabbernder Bananenlutscher geblieben, ein doofer Affe.

In der Zeitspanne von vor ca. 2,3 Millionen Jahren bis vor 30.000 Jahren hat der Mensch sein Hirnvolumen verdreifacht: von ca. 500 auf ca. 1500 cm^2. Und Hirnmasse ist nun mal die erste Voraussetzung für die Entwicklung von Intelligenz. Alle anderen Säugetiere büßten währenddessen relativ gesehen Hirnmasse ein, der Körper wuchs und perfektionierte sich, die Birne aber wurde im Vergleich immer kleiner. Fanatische Pflanzenfresser blieben besonders doof. Wer aus Pflanzen Nährstoffe und vor allem Energie extrahieren muss, braucht nämlich

einen gigantischen Verdauungsapparat, der extrem viel Energie schluckt. Da bleibt nichts übrig für den Denkapparat. Ein Blick in einen Kuhstall sollte als augenfällige Bestätigung reichen.

Der Mensch hingegen fing irgendwann an, sogar die Schädel seiner Opfer aufzubrechen und Hirn zu nuckeln, knackte Knochen und begann Mark zu schlürfen. Und da war er drin, der energiereiche Zauberstoff, der Nektar fürs Köpfchen: hochungesättigte Omega-3- und Omega-6-Fettsäuren, die Baustoffe, mit denen man Hirnsubstanz aufbauen konnte.

Es wundert also nicht: Die Nachkommen strenger Vegetarier und Veganer weisen tatsächlich eingeschränkte Leistungen des zentralen Nervensystems auf. Und seitdem der Mensch gegen Ende der Steinzeit mit dem Ackerbau und Getreide seinen Nahrungsmix veränderte, ging das Körperwachstum zurück und das Hirn büßte elf Prozent Masse ein. Das ist auf den ersten Blick vielleicht nicht viel. Aber hin und wieder meint man es doch deutlich zu spüren. ∽

GOURMAND

Drei besonders gute Beispiele…

… die zeigen, dass man sich der Begehrlichkeit, herzlich gern und gut zu essen und zu trinken wahrlich nicht schämen muss! Und dass man es auch als Gourmand sehr weit bringen kann – in jeder Hinsicht!

- LUDWIG XIV. -

Der Wein lief ihm aus der Nase

Was sollte man von Ihrer absolutistischen Sonnigkeit, dem französischen Super-Monarchen Ludwig XIV. auch anderes erwarten? Er war die Lichtgestalt absoluter königlicher Machtentfaltung, Primadonna und generöser Ausrichter des legendären barocken Hofgepränges mit Prunk und Protz und Perücken. Feste, Musik, Tanz, Theater und Bankette – man ließ bei Hofe zu Versailles die Kuh fliegen. Und zwar richtig. Vor allem und natürlich auch kulinarisch. Es wurde aufgefahren, bis sich die Tische bogen. Und alles fürs hochwohlgeborene Vergnügen. Könnte man glauben. Ist auch nicht ganz falsch. Aber eben auch nicht ganz richtig.

Worum es nämlich mindestens ebenso ging, war Macht. Die Frage war: Wer konnte seiner Hoheit gefährlich werden? Der Adel. Also machte Ludwig die höfische Etikette zum Maß der Dinge. Wer was werden wollte, musste nach Versailles kommen und um die Gunst ihrer Sonnigkeit buhlen. Und so kam er, der Hochadel, und tänzelte gepudert um den Monarchen, statt in der Provinz zu regieren. Die Regierungsgeschäfte erledigten derweil des Königs Günstlinge. Der modische Wettbewerb des Hochadels um die königliche Gönnerschaft mit Festen und Jagdgesellschaften war aber teuer. Und der hohe Adel alsbald pleite. Dem lieh der Ludwig dann Geld. Das nennt man Schulden. Und so macht man einst mächtige Provinzfürsten klein und abhängig.

So klein und abhängig, dass diese glücklich waren, wenn sie ihrer Herrlichkeit beim Ankleiden helfen oder beim Diner das Salzfässchen servieren durften. Denn auch die Nahrungsaufnahme des Sonnenkönigs war Politik, streng ritualisiert, eine bühnenreife Aufführung mit einer Vielzahl von servilen Darstellern. Ein strenges Ritual, in dem klar bestimmt war, wer wann untertänigst was hineinzutragen oder zu servieren hatte, und wer der devoten Höflinge auf einem Mini-Schemelchen seiner Hoheit Kalorienzufuhr beiwohnen durfte.

Das Beiwohnen war indes keine besondere Freude. Erstens verschlang Ludwig gewaltige Mengen. Ein Mittagessen bestand beispielsweise aus vier Tellern verschiedener Suppen, einem ganzen Fasan, einem Rebhuhn, einer großen Schüssel Salat, Hammelfleisch mit Knoblauch und Sauce, Schinken, Backwerk und Früchten. Zweitens aß seine Hochwürden trotz der bereits eingeführten Gabel nach wie vor allein mit Fingern und Messer. Und drittens lief ihm nach der Entfernung eines Stückes des linken Oberkiefers und aller dort ansässigen Zähne der Wein aus der Nase. Gleichwohl, des Sonnenkönigs Kalkül ging auf: Ludwig blieb bis zu seinem Tod der unangefochtene Herrscher Frankreichs. ∾

– BISMARCK –

Ein Glas Médoc war ihm wichtiger als 30 Seiten Weltgeschichte

Politisch jonglierte der Aufsteiger aus dem pommerschen Junkertum zwischen einer Staatsführung aus „Blut und Eisen" einerseits und hochsensibler diplomatischer Feinmechanik andererseits. Kulinarisch tänzelte der 125-Kilo-Mann zwischen heimatlich-pommerscher Bodenständigkeit und der – auch in Deutschland bei Königs und Kanzlers durchaus gepflegten – französischen Raffinesse. Er liebte seine „pommerschen Bananen" (Kartoffeln) ebenso wie Trüffeln und Schampus. Von allem aber liebte er vor allem: Viel!

Bismarcks zügelloses Rekordverhalten war legendär. Mitglieder einer Tafelrunde bezeugten, dass er sage und schreibe 150 Austern verschlungen habe. Was für eine solide Eiweißvergiftung gereicht haben dürfte. Seinem Leibarzt zufolge gehörten zu einem Frühstück des Staatsmanns gut und gerne 16 Eier. Anschließend versuchte er mit mehreren Gläsern Portwein sein „Blut in Wallung zu bringen". Zusätzlich pflegte er zweimal am Tag eine Mahlzeit von fünf Gängen zu sich zu nehmen. Ein „leichtes" Mittagsmahl bestand aus Kaviar, geräuchertem Aal, kalten Speisen, Königsberger Klopsen, Hausmacherwurst, in Bouillon eingelegten Heringen, Kartoffelsalat und pommerschem Gänsefett. 5000 Flaschen Champagner soll er nach eigenem Bekunden in seinem Leben getrunken haben. Für seine besten Reden vor dem Reichstag hatten zuvor erst eine Flasche Mosel und dann noch mindestens eine halbe Flasche Champagner des Staatsmannes Zunge gelöst.

Bismarcks Gesundheit litt alsbald unter seiner exzessiven Völlerei. Von „Indigestionen" sprach er selbst, von „möglichem Schlagfluss in Folge amtlicher Trüffelvertilgung". Gesichtsneuralgien, Arterienentzündungen, Verdauungsbeschwerden und Hämorrhoiden und – besonders schlimm – eine sich im Alter einstellende Appetitlosigkeit veranlassten seinen Leibarzt schließlich, ihm eine strenge Diät aufzuerlegen – jeden Tag Heringe. Sonst nichts. Nur Heringe. Bismarck überlebte auch das. „Diese Heringe haben mich gesund gemacht", hat er selbst geglaubt. Immerhin: Bismarck wurde 83 Jahre alt. ◠◡

– DIAMOND JIM BRADY –
13 Zentimeter waren
sein Maß der Dinge

Wenn man hat, kann man sich das leisten. Diamond Jim Brady (1856-1917) hatte. Er hatte sehr viel. Und zwar Dollars. Die hatte er als New Yorker Eisenbahnmagnat gemacht, damals im 19. Jahrhundert, in den Staaten. Diamond Jim hatte aber noch mehr. Nämlich drei Leidenschaften: 1) Diamanten. Davon sammelte er im Laufe der Zeit eine beträchtliche Menge, im

Gegenwert von 50 Millionen Dollars. 2) Eine große Liebe. Die hieß Lillian Russel, war ein reizendes, singendes und schauspielerndes Pummelchen und immerhin vierzig Jahre mit Diamond Jim zusammen. Und 3) Gut essen. Davon aber reichlich.

Für George Rector, einer der seinerzeit im Big Apple angesagtesten Restaurantbesitzer, war Diamond Jim „so wertvoll wie seine 25 besten Kunden zusammen". Und für solche Kunden geht man bisweilen auch bizarre Wege. Vor allem, wenn man so blöd ist, ihnen großkotzig und weltläufig von jenem "Filet de Sole de Marguery" vorzuschwärmen, das man in Paris im Cafe Marguery mit einer sagenhaften Sauce serviere, deren Rezept aber leider schwer geheim sei. Das hatte Diamond Jim nämlich erzürnt. Er drohte mit Entzug jedweder Zuwendung, wenn er nicht eben jenes Filet mit entsprechendem Sößchen auch bei seinem Rector in New York erhalte. Also nahm Rector seinen Sohn von der Uni, schickte ihn nach Paris, wo er als Tellerwäscher in besagtem Cafe anheuerte und zwei Jahre brauchte, bis er die Zutaten und die Zubereitung der geheimen Sauce ausspioniert hatte. Nach New York zurückgekehrt, musste er Diamond Jim das „Filet de Sole de Marguery" natürlich umgehend zubereiten. Und zwar neun Mal hintereinander weg.

Im Delmonico's, einem weiteren legendären New Yorker Feinschmeckertempel, 1827 von den beiden italienischen Brüdern Pietro und Giovanni Del-Monico gegründet und das erste New Yorker Restaurant mit einer Speisekarte, aus der man frei wählen konnte, pflegte Diamond Jim grundsätzlich mit fünf Inches, also 13 Zentimetern Abstand vom Tisch seine kulinarischen Vergnügungen zu starten. Bezahlt wurde erst, wenn sein Bauch die Tischkante berührte. So macht man das, wenn man kann – und hat.

Was der adipöse Diamond Jim allerdings irgendwann auch noch hatte, war ein ausgewachsenes Problem mit seiner Prostata. Der behandelnde Urologe erwies sich als wegweisende Koryphäe seines Berufsstandes und heilte seinen Patienten mit einer neuartigen Behandlungsmethode. Vor lauter Freude, nach seinen kulinarischen Orgien wieder befreit dehydrieren zu können, spendete Diamond Jim mehrere Hunderttausend Dollar zur Gründung urologischer Institute.

Ach ja, noch was hatte Diamond Jim: Als er starb, stellte man bei der Autopsie fest, dass er einen gut viermal so großen Magen hatte wie üblich. Abber bitte, wie hätte es denn auch anders gehen sollen? ❧

GRANATAPFEL

Namengebendes Kernwunder

Diese Frucht hat es in sich! Wenn man beim Aufschneiden und Herauspulen der Kerne nicht höllisch aufpasst, hinterlässt sie der aggressiven Gerbsäure wegen ewige blutrote Spuren auf Hose, Rock, Tischdecke oder auch Küchenschürze. Aus der Rinde (Cortex granati) stellt man zudem ein Antiwurmmittel her, das man nur mit äußerster Vorsicht einsetzen sollte, weil es nicht allein dem Wurme den Garaus zu machen in der Lage ist.

Spuren hinterließ der Granatapfel, dessen erfrischende süß-säuerliche Kerne sich hervorragend in Salaten, Obstsalaten oder auch in Saucen machen, aber nicht allein in unzähligen Textilien, sondern vor allem auch sprachlich, was wiederum an den alten Römern liegt. Die kannten ihn aus dem punischen Karthago in Nordafrika, nahmen die ursprünglich aus Kleinasien stammende Kernfrucht mit Kusshand entgegen und legten Karthago in Asche. Die Gattung nannten die Römer malum punicum, also punischen Apfel, obwohl es gar kein Apfel ist. Die besonders kernreiche Art nannten sie malum granatum, also „kernreicher Apfel" (von granum = Korn, Kern), ein Wortstamm, der uns zum Beispiel auch im körnigen „Granit" noch begegnet.

Ins westliche Mittelmeer, also nach Spanien, kam der Granatapfel mit den Mauren, wo eins der größten Anbaugebiete und eine der bekanntesten spanischen Städte nach der Granatenfrucht benannt wurde: Granada. Auch stilistisch hinterließ sie wegweisende Spuren: die Kelchblattzipfel des Granatapfels waren Vorlage für das im 18. Jahrhundert entwickelte berühmte Porzellan-Zwiebelmuster.

Zweifelhaften, geradezu explosiven sprachlichen Ruhm ließ man dem Granatapfel jedoch mit der der todbringenden „Granate" angedeihen. Seit dem 17. Jahrhundert warfen Grenadiere ihre neuartigen „Kernwaffen" in die feindlichen Linien, wo sie platzten wie die reife Frucht, wenn sie ihre Samen herausschleudert. Grenadiere übrigens mussten im Feld zwecks Wurffreiheit seinerzeit ihre breiten Uniformhüte ab- und Zipfelmützen aufsetzen. Mit dieser später durch Blechschilde hoch aufgerichteten Elitekopfbedeckung ließ sich jedoch nicht wie üblich durch Abnehmen des normalen Dreispitzhutes der militärische Gruß entrichten, weil die Grenadiermützen mittels Kinnriemen festgeschnallt waren. Also gestattete man ihnen den sogenannten Grenadiergruß, das symbolische Anlegen der rechten Hand an die Mütze. So kam das Salutieren in die Welt. ∽

GRAVED LACHS

Aus dem Erdloch auf das Frühstücksbuffet

In riesigen Aquafarmen vor allem in den Gewässern an der norwegischen Küste wird Lachs heutzutage in Käfigen unter Zuhilfenahme von Medikamenten- und Farbstoffcocktails bis zur rosigen Schlachtreife gemästet. Damit ist das stolze Tier, das in seiner wilden Variante über eine tausende von Kilometern währende Wanderung durch Meere und Flüsse zu seinen Laichplätzen wertvollstes Muskelfleisch anlegt, zur fetten Zuchtsau der Meere degradiert.

Als billige Käfigkreatur ist er allerdings das, was er in vergangenen Jahrhunderten auch schon einmal als Wildlachs war: ein Massenspeisefisch. In Norwegen ließ sich dereinst das Dienstpersonal im Arbeitsvertrag garantieren, Lachs nicht mehr als zweimal die Woche essen zu müssen. Und auch in Köln regelte an der Wende zum 19. Jahrhundert ein Erlass, dass die „Gemeinen" nicht öfter als drei Mal wöchentlich den im Überfluss vorhandenen Rheinlachs essen mussten. Ob der heute sehr viel teurere Wildlachs aus Skandinavien oder Schottland tatsächlich besser schmeckt als der erschwingliche Zuchtlachs, ist allerdings selbst bei feinschmeckenden Kennern umstritten.

Eine der beliebtesten Lachsvariationen, der so genannte Graved Lachs (auch Gravet Laks oder Gravlaks), dürfte die Geschmacksunterschiede sowieso aufheben. Der seltsame Name dieser skandinavischen Spezialität geht auf die Tradition zurück, den Lachs zur Konservierung mit Salz einzureiben und anschließend für mehrere Wochen in einem kalten Erdloch zu begraben. Der „Graved" Lachs ist also nichts weiter als der „begrabene Lachs". Durch den Druck des Erdreiches und die hygroskopische Wirkung des Salzes verlor er an Flüssigkeit und wurde haltbarer. Heute verbuddelt man ihn nicht mehr im Erdreich, selbst in Skandinavien nicht. Dafür fügt man dem Salz noch Zucker, Pfeffer und Dill, aber auch Zitrusfrüchte, Lavendel, Ananas oder auch Grand Marnier hinzu. Fest in Frischhaltefolie eingewickelt und beschwert nimmt er im Gegenzug die Aromen der Würzzutaten auf – und das ganz profan im Kühlschrank. ᏌᎧ

HONIG

Japanischer Schnurbaumhonig von Bienen im urbanen Höhenflug

Der Mann beschäftigt so um die 750.000 Arbeitnehmer. Ganz genau weiß er es nicht. Ein gutes Dutzend Königinnen sind auch dabei. Allein für ein Glas ihres begehrten Produktes sind sie gut 120.000 Flugkilometer unterwegs. Ihr Arbeitsplatz ist New York, besser: Manhattan. Und zwar ganz weit oben auf den Dächern der höchsten Skyscraper. Wenn David Graves seine Arbeitnehmer besucht, muss er bisweilen mühsam über Fenstersimse, Balkone und Flachdächer klettern. Schwindelfrei zu sein ist hier oben durchaus von Vorteil. Was für einen Imker nicht unbedingt zum Berufsprofil zählt. David Graves ist aber Imker. Nur eben in Manhattan. Und das gute Dutzend Völker, die er seit einigen Jahren sein eigen nennt, hat er nun mal auf den Dächern, Dachterrassen und Dachgärten hoch oben über Big Apple stationiert.

Die Dachidee war 30 Jahre zuvor geboren worden. In Massachusetts, wo David Graves herkommt, hat er die Imkerei kennen gelernt. In Massachusetts aber gab es nicht nur Imker, sondern auch Schwarzbären. Schwarzbären wiederum sind schlecht fürs Imkergeschäft. Also sie-

delte er seine eigenen Bienenstöcke damals auf den Dächern des Ge-
brauchtwagenhandels seines Vaters an. Das funktionierte. War bären-
sicher. Die Bienen produzierten wie wild. Irgendwann lief der Honig
vom Dach über das Handelsgut seines Vaters. Da musste Graves lernen, dass auch Väter fürs Imkergeschäft schlecht sein können.

In New York erinnerte sich der Amateurimker, der erst fürs Lehramt stu-
dierte, dann aber doch Autohändler wurde, an seine alte Dachidee und
suchte per Aushang „Adoptiveltern" für seine Bienenvölker. Mehrere
Besitzer der schönsten und höchsten Dachterrassen meldeten sich.
Schließlich machte Graves aus seinem Hobby ein professionelles Ge-
schäft. Mittlerweile bietet der einzige Profi-Imker New Yorks je nach
Blühsaison die Sorten Chinesische Wildbirne, Lindenhonig, Japanischer
Schnurbaum, Robinie und Japanischen Staudenknöterich an.

Seine „Adoptiveltern" entlohnt er mit ein paar Gläsern seines „New
York City Rooftop Honeys", der dank der sauberen Luft und wegen
des Umstands, dass da oben „in den Wolken" auch keine Pestizide
versprüht werden, ein „reines" Naturprodukt ist. Nur eins sollten seine „Adoptiveltern" beachten: Mit einem roten Bikini auf dem Dach-
garten sonnenbaden oder Partys im roten Sommerfummel feiern,
das geht nicht. Rot ist schlecht. Rot mögen seine Bienen nicht. Da
werden sie aggressiv. Und dann gibt's keinen Honig, dann gibt's Bie-
nenstich. ∞

HUMMER

Wenn er kocht, dann pfeift er

Zart besaitete Gemüter sollten es vielleicht besser lassen. Die sollten ihn vielleicht im Restaurant bestellen, den Hummer. Denn wenn man das delikate Krustentier selbst zubereiten und nicht auf Dosen- oder Tiefkühlware zurückgreifen will, was sich als Geschmacklosigkeit von selbst verbietet, wird man sich am heimischen Herd als Hummerkiller gerieren müssen. Denn nur frisch zubereitet schmeckt er. Also kauft man ihn lebend. Und dann muss man ihn eben totmachen. Zu Hause. Und zwar indem man ihn kopfüber in stark kochendes Wasser gleiten lässt. Und bitte nur so! Das schreibt die deutsche Tierschutzverordnung vor.

Doch das allein – also das Totmachen – ist es nicht. Was so manchem ambitionierten Krustentieramateur beim ersten Mal den Schrecken in die Glieder fahren lässt, sind die Geräusche, die dem Tier im letalen Kampf gelegentlich entfahren. Der Hummer, kaum dass er ob des kochenden Wassers der Endlichkeit seines Daseins gewärtig wird, beginnt in einem letzten Akt des Protestes sein Elend in Ihre Küche zu schreien. Ein gemeines Geräusch. Da legt sich bisweilen Blässe aufs Antlitz selbst der härter gesottenen Hobbyköche. Profis hingegen lächeln da nur müde. Denn sie wissen: alles Humbug, die Nummer mit

dem Schreien. Hummer können gar nicht schreien. Hummer haben nämlich gar keine Stimmbänder, weil man sich als Hummer unter Wasser nun mal anders verständigt. Der macht das mit Pipi. In dem sind Pheromone, also Duftstoffe, die dem Gegenüber signalisieren, wer man ist und was man so will als Hummer.

Nein, was man da aus dem Topf hört, ist kein Schreien, sondern ganz profan entweichende Luft aus den Hohlräumen in den Beinen sowie zwischen Panzer und Körper. Der Hummer pfeift quasi aus dem letzten Loch. Da ist er aber schon tot. Garantiert!

Letzter Tipp, weil's vor lauter Aufregung oft vergessen wird: Bevor Sie den Edelkrebs ins kochende Wasser gleiten lassen – entfernen Sie die Gummibänder von den Scheren! Gummi schmeckt selbst gekocht nicht wirklich überzeugend. ◠

JESUS-WURST

Eine blasphemische Köstlichkeit

Der Strenggläubige wird fragen dürfen, ob man das darf. Weil das doch wohl ziemlich blasphemisch ist, eine schnöde Wurst nach Gottes Sohn zu benennen. Und sie dann auch noch – jedenfalls früher – vornehmlich zum christlichen Wiegenfest zu verspeisen. Um es kurz und bündig zu beantworten: Man darf das. In Frankreich jedenfalls. Der Franzose, der respektlose Revoluzzer, hat sie ja schließlich aus dem staatlichen Alltag und damit fast zum Teufel gejagt, die Religion und die Kirche. Das nennt man Laizismus und steht in Frankreich in der Verfassung. Wenn man das darf, dann darf man in Frankreich auch eine Wurst nach Gottes Sohn benennen, ganz nonchalant.

Und schließlich sieht sie ja nun auch wirklich aus wie der Gekreuzigte, die Wurst, wenn sie, abgedreht in einen großen Wurstdarm und am Ende mit einem quer laufenden Holzstock versehen zum Räuchern im sogenannten „Tuyé" hängt. Ein „Tuyé" ist ein Räucherkamin, in dem die Jesus-Würste ausschließlich im Rauch von Nadelholzspänen mindestens 48 Stunden hängen müssen. So jedenfalls macht man es nach bäuerlicher und kontrollierter Tradition in Morteau, einer Stadt

im Franche-Comté, jener Region im Osten Frankreichs zwischen dem Burgund und der Schweiz. Hier kommen die herkunftsrechtlich seit 1977 geschützten Würste her. In Morteau-Würsten darf nur erstklassiges Schweinefleisch enthalten sein, von hochwertigen Schweinen, die in den Höhenlagen des Juragebirges, in der klaren Bergluft zwischen Tannen- und Fichtenwäldern, gemästet werden. Die kleinere Morteau-Wurst (ca. 20 cm) wiegt ca. 250 Gramm. Als Jesus-Wurst, als „Saucisse de Jésus", kommt aber nur ihr größerer Bruder daher. Und als Wurst bringt Jesus immerhin 500 Gramm bis ein Kilo auf die Wage. Und wird – ganz profan – vornehmlich ins Ratatouille geschnitten.

Das geht. Ganz unaufgeregt. In Frankreich. Und mit Jesus. Aber bieten sie mal in den Banlieues von Paris „Propheten-Pita" an oder „Pommes à la Mohammed". Da brennt die Vorstadt. Genau das ist der Unterschied. ✑

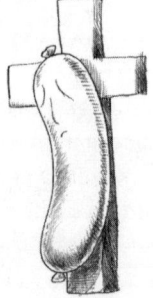

KILLERBRÖTCHEN

Fake, alles Fake, worein man auch beißt

Für die Gegner von fabrikgefertigtem Convenience Food und die Liebhaber von Blondinenwitzen war es eine Meldung von höchstem Unterhaltungswert. Seit der Jahrtausendwende macht sie als angebliche Associated-Press-Meldung die Runde: die irre Story von den Killerbrötchen in Arkansas.

Linda Burnett, 23 Jahre alt und blond, besuchte ihre Schwiegereltern in Arkansas. Während diese in einem Supermarkt einkauften, wartete Linda im Auto, allerdings in einer seltsamen Körperhaltung – mit geschlossenen Augen und die Hände hinter dem Kopf verschränkt –, die schließlich einen Passanten veranlasste, Linda anzusprechen. Linda erwiderte mit dem Unterton tiefer Verzweiflung, sie sei in den Hinterkopf geschossen worden und würde nun mit den Händen seit Stunden ihr ausgetretenes Gehirn festhalten. Der gerufene Rettungsdienst fand an ihrem Hinterkopf jedoch keine Verletzung, sondern lediglich einen Teigklumpen. Ein Behälter mit Fertigbrötchen war in der Hitze explodiert und hatte den Teig an den Hinterkopf des Blondchens geschossen, die an einen folgenreichen Kopfschuss glaubte.

Das war eine lustige Geschichte. Investigative Nachforschungen einer Handvoll Aufrechter ergaben allerdings, dass es sich vermutlich um einen millionenfach kolportierten Fake handelte. Und wer glaubte, die Geschichte wäre ein schlagender Beweis für die potentiell mörderische Wirkung all der Zusatzstoffe in Fertigprodukten, und wer noch immer glaubt, in der Bäckerei nebenan ginge es ehrlicher und urtümlicher zu, möchte bitte zur Kenntnis nehmen: Nahezu die gesamte Bäckerzunft arbeitet heute mit Fertigmischungen. Ganze Brotsortimente und zahlreiche Brötchenvarianten werden tagtäglich mit einer bunten Palette von Feinchemikalien auf idiotensichere Weise in den „Backstuben" hergestellt und dann „ofenfrisch" angeboten – auch aus der Backstube kommen in der Regel nur mit Luft aufgepumpte Industriebrötchen.

Und was lernen wir daraus? Blondinenwitze sind irgendwie echt doof. Und fast alle Brötchen sind potentielle Knallbonbons, ein Fake. Mehr nicht. ∽

KOCHBUCH

Das erste gedruckte Kochbuch

In Stein gemeißelt oder handschriftlich auf Pergament der Nachwelt erhaltene Kochanweisungen und Rezeptsammlungen gab es natürlich schon, seitdem die Menschen von den Bäumen gestiegen waren. Das erste wirkliche Kochbuch, Buch im Sinne von gedruckt, erschien allerdings erst im Jahr 1475. Und zwar in Venedig. Nicht in Deutschland, wo der Herr Gutenberg kurz zuvor den Buchdruck erfunden hatte. Aber das war kein Zufall. Es war eben an den italienischen Fürstenhäusern der Renaissance, wo sich seinerzeit die kulinarische Revolution vollzog, der wir die Überwindung der überwürzten Breikultur des Mittelalters verdanken.

In dieses erste gedruckte Kochbuch hatte der Autor Bartolomeo Platina eine zu Beginn des 15. Jahrhunderts handschriftlich aufgezeichnete Rezeptsammlung seines Landsmannes Martino (Koch von Kardinal Trevisan) aufgenommen. Als Rezeptbuch war das „De Honesta Voluptate et Valetudine" (Über den ehrbaren Genuss und die Gesundheit) allerdings noch nicht brauchbar. Zu überladen war es mit allerlei humanistischen Lebensweisheiten, auch mit jeder Menge Tipps zur Wohnungseinrichtung und zum Beischlaf. Was man zum Kochen schon damals nicht wirklich benötigte. Erst der französische Übersetzer

machte ein Rezeptbuch draus. Und als solches erschien es dann endlich auch 1542 in deutscher Übersetzung in Augsburg. Und allein der Titel dieses Werkes ist dazu angetan, ihn sich auf der Zunge zergehen zu lassen. Derselbe lautet nämlich wie folgt:

Von der eerlichen, zimlichen /auch erlaubten Wollust des leibs / Sich inn essen / trincken / kürtzweil etc allerlay unnd mancherlay Creaturen unnd gaabenn Gottes / Visch / Vögel / Wildpret / Frucht der erden etc mit Gott / allen cere / auch gesundthait des menschens / mit dancksagung zu gebrauchen mügen / von allen Weisen / Erbaren und gelerten / besonders den Artzten gerathen / zügelassen und gestattet / fein ordentlich hie in v bücher gesetzt / gekocht / und auff den tisch fein lustig berait und auffgetragn wird / Durch den hochgelerten Philosophum und Oratorem / das ist weysesten und beredtesten Herrn / Bap. Platinam von Cremona / under Friderico III dem Römische Kaiser gelebt / im Jahr 1481. jetzt jüngst grüntlich auß dem latein verteutscht / durch M. Stephanum Vigilium Pacimontanum. Im jar / M.D.XXXXII.

Ist das nicht hübsch? Mit solcher Inbrunst ging man seinerzeit kulinarisch zu Werke. Heute heißen Kochbücher bisweilen einfach nur „Kochbuch". Wie einfallslos! ∽

KÖNIGSKUCHEN

Die Mär vom königlichen Gebäck als Brotersatz

Hochmut kommt vor dem Fall. Sagt man. In diesem Fall fiel ein Kopf. Es war der Kopf von Marie-Antoinette, Königin von Frankreich und Gattin von Ludwig XVI., der am 16. Oktober 1793 auf der heutigen Place de la Concorde in Paris von der revolutionären Guillotine fiel (wie zuvor der ihres Gatten). Das hatte sie davon, dass sie in einem Geisteszustand chronischen Hochmuts angesichts des vorrevolutionären Hungers der Massen den berühmten Satz gesagt hatte: „Wenn sie kein Brot haben, so mögen sie doch Kuchen essen."

Brot hatte die Bevölkerung in der Tat nicht. Und das schon seit längerem. Bereits 1775 war es wegen der Wucherpreise für Brot aufgrund skrupelloser Getreidespekulationen zum sogenannten Mehlkrieg gekommen: Allein in Paris wurden 1300 Bäckereien geplündert, auf dem Land hatte man unzählige Mühlen und Geschäfte gestürmt. Erst unter Einsatz von 25.000 Soldaten konnte in Paris wieder Ruhe und Ordnung hergestellt werden. Das Volk bedachte die königliche Familie fortan mit einem durchaus trefflichen Bild, wenn es von „Le boulanger, sa femme et le petit mitron", vom Bäcker, sei

ner Frau und dem Kronprinzen redete, der nicht in der Lage war, sein Volk zu ernähren.

Die Kuchen-Bemerkung war provokant. Und sie ist in die Geschichte eingegangen als sinnfällige Anzüglichkeit für den Zynismus des Adels gegenüber den Leiden des Volkes. Und der Spruch hätte auch zu Marie-Antoinette gepasst. Nur: Urheberrechtlich ist sie für diese hübsche Bosheit nicht haftbar zu machen.

Jean-Jacques Rousseau, moralisierender französischer Schriftsteller mit einem Hang zum Adel-Bashing, zitierte als erster die berühmte Kuchen-Bemerkung in seinen „Bekenntnissen". Das allerdings war be-

reits 1766, da war Marie-Antoinette gerade einmal zehn Jahre alt und lebte als Tochter von Franz I. und Maria Theresia noch in Wien. An den französischen Hof heiratete sie erst 1770. Da war sie gerade einmal 14. Die „große Prinzessin", die Rousseau zitierte, konnte sie schlechterdings nicht sein. Wer es aber wirklich war, weiß keiner, und somit bleiben die tatsächliche Herkunft und das Datum der Kuchen-Bemerkung wohl im Dunklen der Geschichte.

Den Kuchen hätte Marie-Antoinette dem Volk zudem nur raten, nicht bieten können. Aber wenigstens das österreichische Blätterteighörnchen (eine Kipferl-Version) hatte sie nach Paris mitgebracht, ein halbmondförmiges Gebäckstück in Erinnerung an die Belagerung Wiens durch die Türken (1683), woraus die Franzosen sprachlich das Croissant (also den „Halbmond" von altfr. „croistre" für wachsen) machten. Half ihr aber auch nichts. Man mochte sie nun mal nicht, die Autrichienne. Also: Kopf ab. ∾

LABSKAUS

Arme-Leute-Brei mit Verklärungsfaktor

Sieht aus wie schon mal gegessen. Vor allem, wenn – bis aufs Spiegelei – alle Zutaten durch den Wolf gedreht wurden (was häufig gemacht wird, was man aber nicht machen muss). Manch eine Gaststätte im Norden Deutschlands stellt dem couragierten Touristen gar ein schriftliches „Genuss"-Zertifikat aus, wenn er's bestellt. Und vor allem auch verzehrt. Und einen Klaren gibt's hinterher, weil der Ekelfaktor für alle, die keine Fischköppe sind, schließlich doch erheblich sei – Gastronomen können echte Scherzkekse sein. Doch es gibt auch Nordlichter, die sind echte Labskaus-Fanatiker, die behaupten, nichts ginge drüber, über die rot-braune Pampe aus dem Fleischwolf, die aus Pökelfleisch, Kartoffeln, Hering, roter Beete (oder auch nicht), Zwiebeln und Gewürzgurken besteht. In vielen, ja sogar in sehr guten Traditionslokalen an der Küste wird Labskaus tatsächlich zur kulinarischen „Spezialität" verklärt.

Doch um der Wahrheit die Ehre zu geben: Dieses Gericht ist und bleibt das, wonach es aussieht – es ist ein Arme-Leute-Essen, egal, welche Kochmütze es auch anbietet. Ursprünglich war es ein reines Seemannsgericht aus der Zeit, als Windjammer über die Weltmeere fuh-

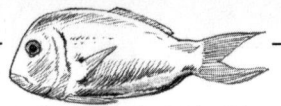

ren. Und der größte Jammer bestand damals in der Verpflegung. Zu der gehörte vor allem gepökeltes Fleisch. Weil sich das schön lange hielt. Und das drehte der Smutje mit allerlei und wechselnden Zutaten durch den Wolf, bis sich die Kartoffel als bestimmende Zutat durchsetzte. Aus gutem Grund: Das Fleisch gab die Kraft, die Kartoffeln die Vitamine.

Herkunft und Wesen verrät auch der seltsame Name, über den sich ganze Generationen von Etymologen schon den Kopf zerbrochen haben. Da wird beispielsweise auf die Wortbestandteile „labs"(=lang) und „kaus"(=kauen) verwiesen. Lang kauen will man das in der Tat. Weil man das nicht schlucken will. Indes, zum Kauen hat man ja kaum was zwischen den Zähnen. Andere verweisen auf Liverpool als Ursprungsort, weil man mit „scouse" den Dialekt und mit „scouser" die Bewohner von Liverpool bezeichnet. Labskaus kommt de facto aber einfach vom englischen „lob's course". Und das heißt „Speisegang für derbe Männer", denn ein „course" ist ein Speisegang und ein „lob" ist umgangssprachlich nichts weiter als ein Bauerntölpel, ein Flegel. Und genau so schmeckt es auch, das Labskaus. ∞

LANDJÄGER

Tote Engländer im Vierkantdarm?

Die haltbaren Dauerwürstchen waren mal was für echte Männer. Für Männer in Uniform, für deutsche Ordnungshüter, beritten oder zu Fuß. Heute halten sich in Zeiten großer Fußballturniere nur noch dickbäuchige Wohnzimmerhelden mit den kleinen Vierkantwürstchen am Bildschirm über Wasser. Als Rucksackwürste werden sie auch gerne von Wandervögeln im Tupperdöschen übers Land geschleppt. Und auf der „Veschperplatte" in wein- oder bierseliger Kleinbürgerrunde teilen sie ihr Schicksal mit anderen zivilen Weichwürstchen. Eigentlich müssten Landjäger deshalb „Wanderknacker", „Bierstangen" oder „Kickerwürschtl" oder ähnlich geistlos heißen. Tun sie aber nicht. Heißen „Landjäger". Und zwar deshalb, weil die Rohwürstchen ursprünglich bei den Polizeieinheiten auf dem Land als eiserne Marschration auf ihren langen Patroullien so beliebt waren. Und diese kernigen Kerle nannte man seit dem Ende des 18.Jahrhunderts in einigen deutschen Ländern und in der Schweiz offiziell „Landjäger" (teilweise noch bis 1937). Das war damals neu. Und vor allem deutsch. Zuvor hatte man die „Landjäger" noch als „Gendarmen" bezeichnet. Das war eher französisch. Und kam sprachlich aus dem Mittelalter. Die Vorläufer der Polizei, die Adeligen der königlichen

Leibwache, hatte man in Frankreich dereinst nämlich „gens d'armes" genannt, also „bewaffnete Männer".

Drin im Landjäger ist Schweinefleisch und gepökeltes Rindfleisch, auch Speck und Kümmel und Pfeffer – alles kleingehäckselt und im Rauch haltbar getrocknet und zum Vierkantstick gepresst. Über weitergehende Spekulationen hinsichtlich der vermuteten Inhaltsstoffe machte sich bereits Karl Spitzweg (1808-1885), Maler des „armen Poeten", lustig. In seinen Schweizer Reisenotizen hielt er fest: „Für Kenner eine ausgezeichnete Wegzehrung. Die ziemlich verbreitete Meinung, dass der Hauptbestandteil aus Steinbockfleisch und Murmeltier-Speck bestehe oder aus Fleisch von durch Sturz verunglückten Engländern und sonstigen Touristen – oder gar von erschossenen Landvögten, gehört wohl ins Reich der Märchen." ᛰ

MARSRIEGEL

Ein sehr schottischer Beitrag zur Esskultur

W er, wie der Schotte, Haggis (s. S. 49) für eine Delikatesse hält, der frittiert auch kleine Kinder. Oder Hunde. Könnte man meinen. Ist aber natürlich übertrieben. Das mit den Kindern. Und den Hunden. Aber ziemlich nah dran. Seit Mitte der 90er macht nämlich eine schottische Eigenart von sich reden, die man lange Zeit für einen medial inszenierten Gag, für einen urbanen Mythos hielt. Ist aber kein Mythos. Man kann das bestellen, fast überall in Schottland, in fast 500 Fish'n'Chip-Shops: Frittierte Mars-Riegel. Nein, kein Scherz, der Schotte frittiert die süßen Karamellriegel im siedenden Fett. Und findet das auch noch lecker.

Gut, die Schotten sind ja europaweit ohnehin bekannt dafür, besonders ungesund zu leben. Führen in der zivilisierten Welt so ziemlich alle medizinischen Katastrophen-Statistiken an: Keiner stirbt mit so schlechten Zähnen so gern an Herzkasper, Schlaganfall und Krebs wie der Schotte. Und wenn man sieht, wie er sich so ernährt, weiß man auch, warum das so ist. Das meint auch das Health Education Board for Scotland, das den Schotten so gern auf die Sprünge helfen würde, ernährungstechnisch und gesundheitlich. Und das natür-

lich verzweifelt an solcherlei kulinarischem Schabernack wie frittierten Mars-Riegeln. Zumal das nicht das einzige ist, was man in Schottland in die heiße Fettwanne schmeißt: Pizza, Toffee-Riegel, Snickers, alles kein Problem, kurz durch den Frittierteig und ab ins brodelnde Fett. Dazu gibt's ein bisschen Salz und „Brown Sauce", so eine Art Ketchup. Auch Pommes reicht man gerne dazu. Testessen von Nicht-Schotten haben – auch bei der sprachlichen Beschreibung – zu durchaus interessanten Ergebnissen geführt.

Erfunden wurde der frittierte Riegel angeblich an der Nordwestküste Schottlands in Stonehaven, in der Fish'n'Chip-Bude „The Haven". Grund war wohl eine Wette zwischen dem Budenbesitzer und seinem besten Freund. Von hier aus machte der Gag dann seine Runde. Und nicht nur in Schottland. Selbst in Paris, kulinarisch gesehen heiliger Boden, setzte ein schottischer Koch den Marsriegel auf die Karte. Aber die stecken das weg, die Franzosen, ganz locker. Denn: Wo kam der frittierte Riegel noch gleich her? Schottland? Und was isst man da sonst so?

Haggis. Aha. ∾

MATJES

Pubertärer Leckerbissen

Der Holländer packt ihn am Schwanz, zieht ihn einmal durch eine Schale mit gewürfelten Zwiebeln und lässt ihn dann in die Kehle gleiten. Als Doppelfilet. 50 Millionen mal pro Jahr. Sechsmal so viele Deutsche schaffen es gerade mal auf die gleiche Verzehrziffer. Der junge Matjes, den man in Holland „Jonge Haring" oder „Hallandse Nieuwe" nennt, hat vor allem im Frühjahr Konjunktur. Und das hat mit dem Lebenszyklus des Rohstoffs zu tun. Der Hering befindet sich in dieser Jahreszeit nämlich in einem zutiefst pubertären Zustand. Und in diesem Zustand schmeckt er halt am besten. Im Winter, nach dem Ablaichen, ist er noch schlank und rank, da hat er nix auf den Rippen. Im Frühjahr aber bereitet er sich auf das nächste Fortpflanzungsfest vor. Das Meer erwärmt sich, Plankton wächst, der Hering haut sich den Bauch voll und sein Körperfettanteil wächst von mageren sieben Prozent auf gewaltige 20 bis 25 Prozent. Jetzt hat er die Kraft, um 20.000 bis 50.000 neue Heringe zu zeugen.

„Maeghdekens haerinck", jungfräulichen Hering nannte man ihn früher in Holland. Daraus entwickelte sich sprachlich verkürzt schließlich der Maatjesharing. Das „jungfräulich" ist indessen ein wenig irrefüh-

rend, denn jungfräulich kann er sein, muss er aber nicht, ausschlaggebend ist lediglich, dass er sich in der betreffenden Fangsaison noch nicht fortgepflanzt hat.

Kenner schwören im Übrigen auf handverarbeitete Fische und damit auf eine gut 600 Jahre alte Tradition des Kehlschnitts, den 1395 der Flame und Heringshandelstycoon Wilhelm Beukelzoon erfand. Die ebenfalls angebotenen maschinell verarbeiteten Fische erkennt man am Fehlen der Schwanzflosse sowie an einer allzu geraden und exakten Schnittführung. Und in Öl eingelegt sollte er auch nicht sein. Das wäre widersinnig, denn fett ist der kleine Silberling im Frühjahr selbst.

MOHN

Der Stoff, aus dem die Träume sind

Glücksgefühle löst er aus, der Mohn. Das Lid wird schwer, der Blick irrt haltlos im Leeren, Schmerzen lösen sich in Luft auf, Sorgen ebenfalls. Man döst vor sich hin. Blöd aber glücklich. Ein beneidenswerter Zustand. Aber leider kein sonderlich produktiver, nichts fürs Bruttosozialprodukt. Also ist er verboten, in Deutschland, der Anbau von Mohn. Fällt unters Betäubungsmittelrecht, muss angemeldet werden bei der Bundesopiumstelle (die gibt' wirklich!), weil man Heroin und Opium aus Mohn machen kann. Der Verzehr hingegen ist erlaubt. Verzehrt wird aber auch nur der Mohnsamen, in dem sich die Glücklichmacher lediglich in Spuren wieder finden.

Die bösen Alkaloide (Morphin, Codein u.v.a.) sind im Saft der Kapsel enthalten. Bisweilen aber, durch Fehler der maschinellen Ernte, werden die Kapseln verletzt, und dann ist rein rauschtechnisch gesehen auch der Samen interessant. Deshalb warnt sogar das Bundesinstitut für Risikobewertung vor Mohnverzehr in größeren Mengen, vor allem Schwangere. Also Finger weg von der mohnbestreuten Dampfnudel, Finger weg vom Mohnstrudel. Im Gefängnis ist Mohn generell

untersagt, führt bei Urinproben zu Opiatnachweisen. Und dann weiß man nicht: Kommt's vom Mohnbrötchen oder hat er etwa ...? Also: Der Staat sorgt sich ums Wohl seiner Schutzbefohlenen.

Das kann man aber auch anders machen, die Sache mit dem Volkswohl. Und zwar *mit* Mohn. Zum Beispiel im 17. Jahrhundert. Was gab's da? Arbeitslosigkeit, massenhaft. Und Hungersnot. Was war passiert? Im vorindustriellen Europa waren die Bevölkerungszahlen explodiert, die Lebensmittelproduktion kam nicht nach, die Preise stiegen ums Doppelte bis Sechsfache, die Löhne stagnierten. Und was empfahlen Kirche, Wissenschaft und Politik gegen Hunger, Not und Verzweiflung? Mohnbrot, Mohnsuppen und Mohnfladen. Allen voran Professoren aus Bologna, damals eine der bedeutendsten Gelehrtenstädte Europas, propagierten „mohndurchsetztes Brot" gegen die „Faulbettliegerei" und die „Hungerleider". Die Folgen waren massenhafte Delirien und wilder Veitstanz. Über die Ursachen des sozialen Elends machte man sich weniger Gedanken, man konnte ja die Folgen betäuben.

Wenn also der Bundestagsabgeordnete Ihrer Wahl auf Veranstaltungen irgendwann mal auf die Idee kommen sollte, großzügig Mohnkuchen zu verteilen, dann seien Sie hellwach. Dann ist wahrscheinlich irgendwas gründlich falsch gelaufen, mit der Globalisierung zum Beispiel. Oder mit der Gesundheitsreform. Da können Sie aber mal ganz sicher sein! ➴

MONDAMIN

Kreuzung aus Indianergott und schottischem Erfindergeist

Ein Klassiker, das Mondamin, bindet Saucen, Suppen fix und clean. Nicht mehr wegzudenken aus Muttis Küche. Zu verdanken haben wir's einem Schotten. Vielleicht, weil er zu geizig war, Zeit in das Kneten von Mehl in teure Butter zu investieren, mit der man dann Saucen ebenfalls binden kann. Sei's drum, 1854 erfand John Polson ein Verfahren, aus Mais Speisestärke herzustellen. Das Ergebnis nannte man Mondamin. Und das war kein von Marketingstrategen für teuer Geld in Designeretagen am Computer generierter Marken-Name, sondern ganz schlicht und einfach der inhaltliche Bezug auf den Indianergott Mon-da-min, der bei den Ojibwa (auch Anishinabe genannt) für Mais zuständig war.

Über die Grenzen des nordamerikanischen Ojibwa-Stammes hinaus bekannt wurde Mon-da-min, der „Freund der Menschen", durch den amerikanischen Schriftsteller Henry Longfellow (1807-1882), dessen episches Gedicht „The Song of Hiawatha" fast zeitgleich mit der Erfindung der Speisestärke einige Berühmtheit erlangt hatte. In diesem Gedicht wird die Geschichte des Ojibwa-Häuptlings Hiawatha erzählt. In der Mythologie der Indianer kämpfte Hiawatha, der „Sohn

des Westwindes", einst gegen eben jenen Gott Mon-da-min und besiegte denselben. Der verwandelte sich daraufhin in ein Maisfeld. Mais war demnach für die Ojibwa-Indianer eine Gabe Gottes. Die Speisestärke hingegen ist keine Gabe Gottes. Die ist eine Gabe des Unilever-Konzerns und steht in jedem Supermarktregal. ∾

NOUGAT

Süß und verwirrend, weiß und braun, Gianduia und Torrone

Was ist Nougat? Lecker, werden Sie jetzt wahrscheinlich sagen. Ja, aber was ist Nougat seinem Wesen nach, was ist es materiell? Braun und ein wenig schokoladig, werden nun hierzulande vermutlich die meisten antworten. Kommt fest als Nougatbruch in Hell- und Dunkelbraun daher oder cremig aus dem (Nutella-)Glas. Und damit haben sie Recht. Und auch wieder nicht, denn: Nougat ist ein Gattungsbegriff für zwei gänzlich unterschiedlich aussehende und schmeckende Leckereien, die lediglich ähnliche Ausgangsmaterialien aufweisen.

Was man hier unter braunem (Nuss-)Nougat kennt, nennt man im romanischen Sprachraum Gianduia (in Frankreich auch Praliné). Die kommt ursprünglich aus Turin und ist eigentlich ein reines Notprodukt: Als unter napoleonischer Herrschaft die Steuern auf die amerikanischen Kakaoimporte drastisch erhöht wurden, sahen sich die Turiner Schokoladenhersteller gezwungen, ihre Schokolade mit gerösteten und gemahlenen Haselnüssen zu strecken. Die Folge war das bis heute geliebte braune Nougat, das im Wesentlichen aus Nüssen, Schokolade, Zucker, Kakaobutter, Vanillin, Lezithin, Milchpulver

und Sojafett besteht. Je nach Rezeptur können auch noch Nusskrokant, Rosenwasser, Honig und Sahne u.a.m. zugefügt werden.

Die andere Nougat-Variante ist weiß und wird in Italien Torrone, in Spanien Turrón und in England sowie Frankreich Nougat (oder einfach Montélimar, nach der bekanntesten französischen Nougat-Stadt) genannt. Mandeln oder Haselnüsse, Honig (in Montelimar Lavendelhonig), Zucker und Eischnee (auch kandierte Früchte und Orangenblütenwasser) kommen ins weiße Nougat, das sehr viel älter als die braune Variante ist. In Italien (Cremona) und in Spanien (Alicante) kennt man es spätestens seit dem 16. Jahrhundert, und zwar als eine Abwandlung einer arabischen (maurischen) Honigschleckerei namens „turun". Die italienische Mär, der Name Torrone nehme Bezug auf den großen Turm (torrazzo) von Cremona, dessen Form die Zuckerbäcker mit ihrem ersten weißen Nougatkuchen 1441 nachempfunden haben sollen, dürfte hübscher folkloristischer Unsinn sein.

Und der Name Nougat, ob weiß oder braun, stammt sicher auch nicht von französischen Kindern, die begeistert „Tu nous gâte!" (Du verwöhnst uns!) angesichts Großmutters Honigkuchen ausriefen, sondern geht auf das lateinische nux gatum für Nusskuchen zurück. ✒

NÜRNBERGER ROSTBRAT-WÜRSTCHEN

Ein majorangewürzter EU-Bratling mit einem Rekord im Schuldturm

Achthundert Millionen der fingerlangen Bratwürstchen werden jedes Jahr in den Stadtgrenzen Nürnbergs nach traditionellem Rezept hergestellt. Als Würstchen sind die Nürnberger allüberall heiß begehrt. In Portugal, am „letzten Bratwurststand vor Amerika", am südwestlichsten Zipfel Europas brutzeln sie ebenso über der Holzkohle wie in Shanghai. Und weil die kleinen Würstchen auf eine so lange und strenge Qualitätssicherung zurückblicken (der Nürnberger Rat führte als erster im Jahre 1300 die Gewerbeaufsicht und seit 1363 gar eine Wurstpolizei ein!), weil man sich andererseits vor all den gewissenlosen Raubkopisten zwischen Radevormwald und Peking schützen muss, hat man sich von der EU seit 2004 das Herkunftsrecht sichern lassen. Seither dürfen sich nur Nürnberger auch Nürnberger nennen. Alle anderen Würstchen, die

so aussehen wie Nürnberger und vielleicht auch so schmecken wie Nürnberger, müssen sich seither irgendwie anders nennen zum Beispiel „Rostbratwürstchen, die so aussehen und schmecken wie die Nürnberger, aber nicht so genannt werden dürfen, weil sie aus Cadolzburg stammen".

Über die geringe Größe (7-9 cm) der majorangewürzten Schweinebratlinge werden in Nürnberg PR-trächtige Legenden verbreitet: Man habe sie dereinst so klein und dünn (20-25 g) abgedreht, um sie nach der Sperrstunde zahlungswilligen Kunden noch durchs Schlüsselloch reichen zu können oder gar die im Nürnberger Gefängnis einsitzenden Angehörigen durchs Schlüsselloch versorgen zu können. Die Grö-

ße geht jedoch vermutlich allein auf eine allgemeine Teuerung im 16. Jahrhundert zurück, auf die die Metzger mit geringerem Gewicht und Größe reagierten, um Wucherpreise zu verhindern.

Weil sie so klein sind, bestellt man üblicherweise sechs oder zwölf von den Fingerlingen. Das ist schon recht viel. Den absoluten Rekord dürfte aber nach wie vor der Stadtrichter Hans Stromer (1517-1592) halten, den man wegen „Frevelreden und bösem Verdacht, der Stadt nicht treu zu sein" zu lebenslanger Haft im Schuldturm verurteilt hatte. Als Angehöriger einer Patrizierfamilie hatte er aber das Privileg, noch einen Wunsch zu äußern. Was er tat: Die Stadt möge ihn bitte jeden Tag mit zwei Bratwürstchen versorgen. Der Wunsch wurde ihm gewährt. In seiner 38-jährigen Gefangenschaft soll er über 27.000 Würstchen verzehrt haben! Stromer beendete sein Leben dann schließlich suizidal. Bis heute bestreitet man in Nürnberg allerdings, dass das irgendetwas mit seinem letzten Wunsch zu tun gehabt habe. ❧

NUTELLA

Eine Frage des wahren Glaubens

Es gibt keine Einigung, keinen demokratisch aushandelbaren Kompromiss, es gibt keine Versöhnung, keine Hoffnung, keine Politik der kleinen Schritte: An der Frage, ob Nutella kühlschrankkalt aus dem Glas gehebelt oder zimmerwarm und dickflüssig vom Löffel tropfend verköstigt werden muss, ist eine Frage des rechten Glaubens. Häresie wird nicht geduldet. Von beiden Seiten nicht. Es wird keine Geschmacks-Ökumene geben. Kein gemeinsames Morgenmahl. Niemals.

Trotz der ihr innewohnenden schismatischen Kraft war die Nougatcreme von Anfang an ein Verkaufsknaller. Als 1951 der aus Alba, der Stadt der weißen Trüffel im Piemont, stammende Konditor Pietro Ferrero erstmals seine „Supercrema" zum Verkauf anbot, fand die Nusspaste in Italien einen derart reißenden Absatz, dass Signor Ferrero innerhalb von nur zwei Jahren zum 1000 Mitarbeiter ernährenden Fabrikanten aufstieg. Heute ist Ferrero das viertgrößte Süßwarenimperium der Welt. Und gut 15 Prozent seiner Umsätze erwirtschaftet es nach wie vor mit seiner Nusscreme. Die wiederum verdankt ihren Namen einem italienischen Gesetz aus dem Jahre 1964, das in

der Werbung die Verwendung von Superlativen verbot. Heraus kam ein Kunstname ohne genaue Bedeutung, der aber in vielen Sprachen das Ausgangsprodukt Nüsse (engl. nut) erahnen lässt und im Einklang mit dem italienischen Diminutiv –ella eine fröhliche Wortmelodie anschlägt. In Deutschland, wo Nutella erst seit 1965 erhältlich ist und ca. 100 Millionen Gläser pro Jahr verkauft werden, hinterlässt der Name allerdings bis heute eine nicht auflösbare Irritation hinsichtlich des Geschlechts: der, die, das Nutella?

Fachleute halten Nutella gar für *den* italienischen Beitrag zur Globalisierung, der generationenübergreifend, transnational und transkulturell die Geschmacksknospen der Menschen in Dutzenden Ländern vor Freude springen lässt. Und eine Überzeugung eint alle Nutella-Fans weltweit: Allein Nutella ist das Maß der Dinge. Ein Glas zu öffnen, dabei das leichte Knacken des Deckels zu hören, dann die gespannte Goldfolie zu durchstoßen und den ersten satten, unvergleichlichen Schmelz auf der Zunge zu spüren, das ist ein Hochamt für die Sinne. Und all die erbärmlichen Kopien, all die Nussplis und Nutokas und das liebreizende DDR-Nudossi, sie alle mussten scheitern, zerschellen am Original, am Nutella-Glas. Ob es nun im Kühlschrank oder handwarm auf der Anrichte steht. ∾

NUTRIGENOMIK

Spielverderber der
kulinarischen Heilsversprechen

Der Mechanismus ist simpel. Und nachvollziehbar. Angst haben wir, Angst vor Krankheit und Tod. Und das macht empfänglich für die Zauberformeln der Ernährungswissenschaft, die uns sagt, was man alles essen und trinken muss, um ewig und gesund zu leben. Dieses Grundgefühl sitzt weltweit mit am Tisch. Also versucht man auch weltweit Antworten zu geben. Und also schwärmt im nördlichen Europa jeder halbwegs Gebildete von der segensreichen Kraft der Mittelmeerdiät (die so am Mittelmeer kein Mensch zu sich nimmt). Und so konnte Sushi zur klassischen Ikone der Globalisierung werden, als das geniale herzgesunde Health-Food-Konzept. Weil: Am Mittelmeer und in Japan stirbt man lange nicht so schnell am Herztod und an Krebs wie sonst wo auf der Welt. Also ran ans Olivenöl, ran an den rohen Fisch.

Doch kaum hat man sich an diese schönen Gewissheiten gewöhnt, kommt die Nutrigenomik daher und gibt den Spielverderber. Dieser Wissenschaftszweig untersucht nämlich seit einiger Zeit den Zusammenhang zwischen Nährstoffwirkung und genetischer Ausstattung. Und macht mit einer ersten Ahnung all den schönen Theorien von

der herzgesunden Japanerkost und Mittelmeerdiät und vielen anderen Ernährungsdogmen einen dicken Strich durch die Rechnung. Denkbar wäre nach ersten Studien nämlich, dass allein derjenige von einer regionaltypischen Diät profitiert, der auch über eine entsprechende genetische Ausstattung verfügt. Mit anderen Worten: Nur wer das Mittelmeerdiät-Gen besitzt, lebt länger und gesünder. Die Menschen rund ums Mittelmeer haben mehrheitlich dieses Mittelmeerdiät-Gen. Ein über unzählige Generationen abgelaufenes genetisches Auswahlverfahren hat dafür gesorgt. In Deutschland konnte man bei weiblichen Probanden mit einer entsprechenden Ernährungsumstellung im statistischen Schnitt hingegen keine positive Wirkung erzielen. Im Gegenteil: Hier wurde sogar ein wenig früher gestorben. Weil hier offenkundig der Anteil derer, die für eine solche Diät genetisch empfänglich sind, geringer ist als zum Beispiel in Griechenland. Schade eigentlich.

Bis man nun weiß, welche Gene es genau sind, wird's wohl noch ein wenig dauern. Bis dahin bleibt es spannend. Und im Zweifel gilt: Essen, was da gegessen wird, wo man herkommt. Mahlzeit!

ORANGENÖL

Beides zugleich: Aromaknüller und Geruchskiller

Eigentlich ist das ätherische Öl in ihrer Schale der wichtigste Bestandteil ihres Abwehrbollwerks gegen Vögel, Pilze, Insekten und Bakterien. Doch gegen den schlimmsten ihrer Feinde, den Menschen, vermochte die chemische Keule der Zitrusfrüchte nichts auszurichten. Ganz im Gegenteil: Der Mensch rückte ihnen mit dem Laborkasten der Chemie zu Leibe und machte sich perfiderweise eben diese ätherischen Öle vielfältig zunutze. Vor allem das der Orangen – wenn man denn französisch nasalieren und sich nicht zur schnöden Apfelsine bekennen möchte, dem Apfel aus China (spätlat. sina = China).

In der Parfümindustrie, in der Aromatherapie und nicht zuletzt in der Küche findet das intensive Orangenölaroma Anwendung. In Desserts, Kuchen, Salatsaucen, Speiseeis, Bonbons, zu Entenbrust und Schweinebraten – das fruchtig-frische, warme und süße Aroma der Orangen hebt in vielen Töpfen und Schüsseln das Geschmackserlebnis. Doch die Verwertungskette ist damit noch lange nicht geschlossen. Orangenöl leistet nämlich einen noch viel wertvolleren Beitrag in einem ganz anderen Bereich als der Küche, und zwar im Bereich der Hygie-

ne und Geruchsbelästigung. Denn die im Öl enthaltenen Orangenterpene machen die Aromakönigin zu einem der besten Fett- und Geruchskiller. Als 1983 im Hamburger Hafen die Rückstände großer Mengen verbrannter ranziger Butter zu entfernen waren, setzten die Behörden erstmals ein Orangenölpräparat ein und konnten damit sowohl den Geruch als auch das Fett beseitigen. In unzähligen Industriereinigern und Reinigungsmitteln ist es mittlerweile enthalten, nicht zuletzt als ein ausgesprochen werbeträchtiger Bestandteil.

Ja, selbst dort, wohin schlussendlich all die Desserts, die Salate, die Entenbrüste und Kuchen überführt werden, entfaltet Orangenöl seine segensreiche Wirkung: In so mancher Kläranlage, die wegen Überbelastung an die Grenzen ihrer Auslastung stößt, wird Orangenöl gegen die zunehmende Geruchsbelästigung eingesetzt – ein echter Segen also, dieses Orangenöl, besonders an heißen Sommertagen. ∾

PANADE

Bröseliger Ersatz für edles Metall

Panieren kann man eigentlich alles – Fleisch, Fisch, Gemüse. Und wenn auch nicht alles mit Panade unbedingt besser schmeckt, so sorgt sie doch ums Fischstäbchen und vor allem ums Wiener Schnitzel mit ihrer knusprigen Textur für in goldgelben Semmelbröseln schäumende, buttergeschwängerte Freude. Wo sie nun aber herkommt, diese Lust am „Panier", wie die Österreicher sagen, denen man ihres berühmten Schnitzels wegen eine gewisse Urheberschaft fürs gebratene Gebrösel zubilligen könnte, da scheiden sich die Geister.

Die einen verweisen auf die viel ältere „Piccata alla Milanese", also ein paniertes Mailänder Schnitzel, die auf eine noch viel ältere italienische Tradition blickt: Bereits 1134 soll es ein Rezept für „Lumbulos con panitia" (panierte Lendenscheibe) gegeben haben. Der alte österreichische Eisenfresser Feldmarschall Radetzky entführte die Panade als kulinarische Kulturbeute auf seinen Feldzügen durch die aufständische (seit 1713 zu Österreich gehörende) Lombardei Mitte des 19. Jahrhunderts kurzerhand nach Wien. Die Wiener waren also lediglich Markenpiraten. Die Italiener aber waren vermutlich ebenso wenig die Patentinhaber.

Wahrscheinlich rührt das Panadenpatent nämlich aus dem alten Byzanz (Konstantinopel), also aus dem oströmischen Reich, und geht bis ins neunte Jahrhundert oder noch weiter zurück. Hier, in Byzanz, sollen die besten Fleischstücke in bester Imponiermanier für den Basileus, also den Kaiser, mit Blattgold überzogen worden sein. War solcherlei Prunkgehabe dem Kaiser billig, so war es erst dem Adel und dann dem Bürger nur recht. Nun war Blattgold aber eben nur dem Kaiser billig. Für alle anderen war es auf Dauer eine recht teure Imitationsgebärde. Und also ersann man nach bezahlbarem Ersatz fürs edle Häubchen. Das soll die goldgelbe Panade gewesen sein, eine Kochkunst, die mit byzantinischen Juden und arabischen Händlern schließlich über Nordafrika nach Südeuropa und von dort immer weiter gen Norden gewandert ist.

Und wer denkt heute noch an Byzanz oder gar an Gold, wenn ein schnödes Fischstäbchen auf dem Teller liegt? Niemand! ∽

PASTA

Der Mythos von Marco Polos Nudel

Sie ist ziemlich zählebig, die Legende von Marco Polos Nudel. Und sie besagt Ungeheuerliches: Die Nudel, schlimmer noch, Spaghetti, das kulinarische Heiligtum Italiens, sei gar nicht italienisch, sondern eigentlich eine chinesische Erfindung, die erst Marco Polo gegen Ende des 13. Jahrhunderts von einer langjährigen Reise in seine italienische Heimat mitgebracht habe. 1271 war er als Geschäftsreisender aufgebrochen, Richtung Osten zum Großkhan Kubilai, dem Herrscher des mongolischen Weltreiches. Als 21-Jähriger war er nach eigener Aussage in den Dienst des Kubilai getreten, als Gesandter habe er 17 Jahre auf Dienstreisen ganz China und Südostasien bereist. Zurückgekehrt nach Venedig, geriet er 1289 während des venezianisch-genuesischen Handelskriegs in Gefangenschaft und diktierte hier seinem Mitgefangenen Rustichello all seine Erlebnisse, seine berühmten „Wunder der Welt", detailreich in die Ghostwriter-Feder.

Hörte sich auch alles ungemein überzeugend an, was Marco Polo da Phantastisches zu erzählen hatte. Bei näherem Hinsehen fand die moderne Geschichtswissenschaft allerdings nicht eine einzige Quelle,

in der der Name Marco Polo erwähnt wurde. Es gibt sogar Wissenschaftler, die behaupten, Marco Polo sei über die Krim gar nicht hinaus gekommen. Da, auf der Krim, habe er all die Jahre fett in den Kantoreien seiner Familie gesessen. Und nix habe er gesehen von der Welt. Schon gar nicht China. Habe alles aus persischen und arabischen Reisebeschreibungen abgeschöpft, der italienische Aufschneider. Und viel habe er mitgebracht, vor allem Edelsteine, aber bestimmt keine Nudel, und schon gar keine chinesische.

Das wäre auch ziemlich blödsinnig gewesen, denn heute weiß man: Nudeln, auch Spaghetti, zählten zu Marco Polos Zeiten bereits zum festen Nahrungsbestandteil in Italien. 1154, hundert Jahre vor Marco Polos Geburt, berichtete der arabische Geograph Idrisi, dass in Sizilien fadenförmige Nudeln in großen Mengen produziert wurden. Über diese rehabilitierende historische Notiz hinaus verdankt man in Italien, wo vor den Römern vermutlich schon die Etrusker im 4. Jahrhundert v. Chr. eine Nudelurform kannten, den Arabern aber auch noch den Hartweizen, den „modernen" Rohstoff, aus dem bis heute die wahre Pasta besteht. Den brachten die Araber mit, als sie 827 Sizilien eroberten. Und die Chinesen? Hatten ihre eigenen Nudeln erfunden. Unabhängig von Italien, vermutlich im 1. Jahrhundert v. Chr. Die Nudel ist also italienisch. Und chinesisch. Also irgendwie multikulti ist sie, die Nudel!

KLEINE PASTA-
FORMEN- UND
NAMENKUNDE

Wie war das jetzt noch? Capellini sind doch die langen dicken mit Loch? Oder? Oder waren das die dünnen, zum Nest aufgerollten? Und Vermicelli, das sind doch Bandnudeln, die nicht ganz so breiten? Oder waren das die Bavette? Und was sind Fusilli? Und Gemelli? Es ist zum Verzweifeln: An die 600 (manche reden von 1000) Nudelsorten mit verschiedenen Namen soll es in Italien geben. Sie heißen Cavatelli, Spaccatelle, Armelline, Piselli, Bavette, Fetucelle, Mazzani, Manfredini, Tubetti usw. usf.

In unseren Breitengraden sind zwar angeblich nur an die 50 Sorten im Handel. Aber bitte: Da kennt sich doch kein Mensch mehr aus. Selbst sattelfeste Italiener kapitulieren vor dieser Formen- und vor allem Namenvielfalt. Zudem ein und dieselbe Nudelsorte mehrere Namen haben kann, die allesamt etwas bedeuten. Oder auch nicht.

Große Hersteller haben gut 200 Sorten des Pasta-Universums im Angebot. Geben aber gerne zu, dass sie allein mit etwas mehr als einem Dutzend, den Klassikern, ca. 95 Prozent des Umsatzes machen. Der Rest sind regionale Besonderheiten, Spielformen der Klassiker oder Sonderanfertigungen. Und dennoch: Nudelspezialisten beharren darauf, dass jede Nudel unterschiedliche Geschmackserlebnisse hervorruft, bedingt durch Form und Oberflächenbeschaffenheit. Supersensoriker behaupten zum Beispiel, dass rechtsdrehende Asparagine süß, linksdrehende hingegen nach gar nichts schmecken. Aber wer weiß schon, was Asparagine überhaupt für Nudeln sind oder wie sie aussehen?

Das aber ist genau die Frage, die man sich im Restaurant beim Lesen der Speisekarte stellt, die man aber in keinem Fall dem Kellner stellen möchte, will man sich nicht als germanischer Grobklotz ohne Sensorium für die feinsinnige italienische Küche outen. Zumal in Italien. Zur Identifikation der Speisekartenpasta sollten Sie also dieses Büchlein mit den folgenden Nudelprofilen fortan mit zum Italiener führen – als optische Übersetzungshilfe. ∾

Runde Langnudeln

- ✍ Capellini (sehr, sehr dünn)
- ✍ Spaghettini (dünn) (Spago => Schnur)
- ✍ Spaghetti
- ✍ Spaghettoni (dicker)

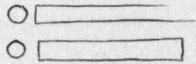

Runde lange Hohlnudeln

- ✍ Maccheroni
- ✍ Zitoni / Ziti (kurze Maccheroni)

Flache Langnudeln

- ✍ Vermicellini (sehr dünn)
- ✍ Vermicelli
- ✍ Vermicelloni (dicker)

Breite flache Langnudeln

- ✍ Tagliatelle (meist als „Nest")

- ✍ Fettuccine

- ✍ Papardelle

Kurznudeln – gerade geschnitten

و Fusilli (kurze Spiralnudeln)

و Fusilli lunghi (lange dünne Spiralnudeln)

و Cannelloni (längere Kurznudel,
großer Durchmesser;
Hohlraum, dünnes Nudelblatt)

Kurznudeln – schräg geschnitten

و Penne (schräg angeschnittene Enden)

    و Penne rigate (geriffelt)

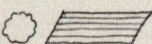

    و Penne lisce (glatt)

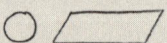

    و Penette (kurze Penne)

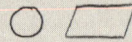

Kleine Nudelformen

ی Farfalle (Schmetterlingsnudeln)

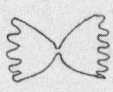

ی Orechiette oder Cappeletti
(kleine Hutnudeln)

ی Conchiglie (Öhrchennudeln)

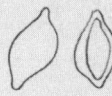

PICHELSTEINER EINTOPF

Geschätzt vom Pandurenoberst und Gourmetpapst

Sie sind wieder im Kommen, die regional-deftigen deutschen Speiseklassiker. Nachdem man in Deutschland seine Nase hinlänglich in diverse mediterrane Kochtöpfe, in den asiatischen Wok, in die übersichtlichen Kasserollen der Nouvelle cuisine und in die Friteusen der globalen Fast-Food-Ketten gehalten hat, besinnt man sich nunmehr auf altbewährt Bodenständiges. Rheinischer Sauerbraten, Königsberger Klopse, Havel-Zander, Forelle blau, Grünkohl mit Pinkel gelten nicht mehr als Schreckgespenster aus Großmutters Plumpsküche, sondern sind wieder „in" – bisweilen sogar in der gehobenen Küche.

Und natürlich zählen auch Eintöpfe zum regionalen Sättigungsrepertoire, wie zum Beispiel der Pichelsteiner Eintopf, dem zu Ehren man seit 1874 in Regen im Bayerischen Wald alljährlich zur Kirchweih sogar ein Pichelsteinerfest feiert – mit allem folkloristischen Rumtata,

den man da erwarten darf. Zu verdanken haben wir diesen Eintopf-Klassiker wohl dem österreichischen Pandurenoberst Franz Freiherr von der Trenck (1711-1749). Der Franz war ein Haudegen, verbreitete mit seiner Pandurentruppe (nicht nur) in Bayern während des österreichischen Erbfolgekriegs (1740-1748) Angst und Schrecken. Wegen Eigenmächtigkeit wurde er später zu lebenslanger Haft verurteilt, woraufhin er seiner Hohen Richterlichkeit noch im Gerichtssaal an die Gurgel sprang. Als er in Bayern vandalierte, zwang er die Bevölkerung, seine Panduren mit Nahrung zu versorgen, was wegen der übersichtlichen Rohstofflage nicht einfach war. Also schnippelte man in den „Pichel", wie man den an einem Haken über dem Feuer hängenden Kessel nannte, was man hatte: Rüben, Kraut und Reste von Fleisch. Fertig war der Pichelsteiner Eintopf.

Vielleicht erfand ihn aber auch die Wirtin Auguste Winkler, die aus Grattersdorf am Fuße des namengebenden Büchelstein stammte. Lokalhistorikern zufolge soll sie das Gericht im „Hotel zur Post" in – na, wo? – richtig, in Rumtata-Regen um 1750 erfunden haben. Bismarck war es schließlich, der den Eintopf 1893 nach langer Krankheit genoss, lobpreiste und ihm zu einiger Popularität verhalf, weshalb er auch „Bismarck-Ragout" genannt wurde. Und mit bestem Fleisch (Rinder- oder auch Rehfilet), mit Butter, Lauch, Karotten, Kartoffeln, mit Piment, klein gehacktem Ingwer und Lorbeer wurde er jüngst sogar von Siebeck geadelt. Na, bitte ...

PIZZA HUT

Unter einem Hut hat's viele Hütten

Man muss ja nicht unbedingt Kunde sein, um sich zu fragen, was das wohl heißt: „Pizza Hut". Fragen darf man sich das auch im Vorbeigehen. Und in Deutschland geht man in nahezu jeder größeren Stadt zwangsläufig an einer der insgesamt ca. 70 Filialen vorbei. Also: Heißt das Hut von „Pizza Hut" tatsächlich Hut und bedeutet das auch Hut? Nein, es handelt sich beim Hut von „Pizza Hut" nicht um eine Kopfbedeckung. Der bzw. das Hut nimmt Bezug auf das erste Restaurant, das die Firmengründer Frank und Dan Carney 1958 in Wichita (Kansas) eröffnet hatten. Und das war in einer kleinen und schäbigen Hütte untergebracht, was auf Amerikanisch wiederum „hut" heißt und nicht wie Hut, sondern wie „hat" ausgesprochen wird. Und auch das seit 1969 existierende Firmen-Logo, das an jeder Filiale und in jeder Werbung zu sehen ist, stellt nicht, wie man meinen könnte, einen Hut dar, sondern das Dach von einer „hat", also von einer Hütte. Mittlerweile firmiert „Pizza Hut" aber nicht mehr unter eigenem Hut, sondern unter dem Dach von Yum! Brands, Inc., zu denen auch „Kentucky Fried Chicken" und „Taco Bell" und einige andere Fast-Food-Ketten gehören.

Sehr viel mehr kann man über „Pizza Hut" eigentlich nicht sagen. Kulinarisch schon gar nicht. Man bekommt bei „Pizza Hut" neben dem Fast-Food-üblichen „Chicken wings" und „Chicken sticks" und „Brownies" vor allem – Pizza. Und Pasta. Und Salat. Warum man sich nun aber ausgerechnet eine schlecht gemachte amerikanische Variante italienischer Klassiker antun soll, die man bei vielen Italienern um die Ecke in besserer Qualität bekommt, ist eine der Fragen, die sich weltweit Millionen Menschen, die in eine der 12.000 Filialen in 100 Ländern marschieren, eben nicht stellen. Manch einem der Kids, die man aus einer „Pizza Hut"-Filiale kommen sieht, steht ins Gesicht geschrieben, dass sie mit der Vorstellung, die Pizza käme nicht aus Amerika, ohnehin überfordert wären. Aber die glauben auch, dass Kühe lila sind. ➣

POMMES

Belgische Fischimitationen aus Erdäpfeln

Pommes frites – das hört sich sehr französisch an. Und man möchte meinen, dass das, was sich so französisch anhört, auch französisch ist. Der Meinung sind auch die Franzosen. Gerne führt man als Franzose an, dass es in Paris zu Beginn des 19. Jahrhunderts bereits eine Vorform der Pommes gegeben habe: die sogenannten „Pommes Pont-Neuf". Die sichelförmige und an die Silhouette der berühmten Brücke erinnernde Schnittform der Kartoffeln gab ihnen den Namen. In der Nähe der Pont-Neuf wurden sie als Straßen-Finger-Food von Holzkohlengrills an hungrige Passanten verkauft.

Die Belgier, die alten Spielverderber, bestreiten die französische Urheberschaft aber seit jeher und heftig. Und mittlerweile liegt der Beweis vor. Die Pommes sind belgisch! Erfunden wurden sie südwestlich von Lüttich, nördlich der Ardennen! Der Historiker Jo Gérard fand in seinem Familienarchiv ein Dokument aus dem Jahre 1781 mit folgendem Wortlaut: „Die Einwohner von Namur, Andenne und Dinant pflegen in der Meuse (Maas) Kleinzeug zu fischen und es in Fett zu braten, um ihre Alltagskost aufzubessern, vor allem die armen Leute. Aber wenn der Frost die Wasserläufe ergreift und der Fischfang da-

rauf riskant wird, schneiden die Einwohner Kartoffeln in Form kleiner Fische aus und braten sie im Fett wie jene. Es kommt mir zu Ohren, dass dieser Brauch sich schon mehr als hundert Jahre zurückverfolgen lässt."

Demnach wären die weltberühmten Pommes bereits um das Jahr 1680 erfunden worden. In Belgien. Und zwar als eine Fischimitation aus Erdäpfeln! ∽

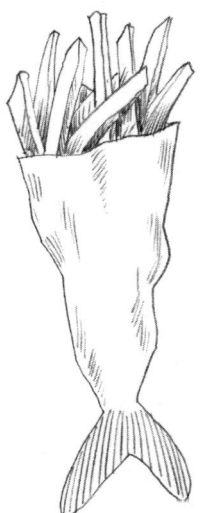

REUBEN-SANDWICH

Der Erfolg hat viele Väter

Schon mal gehört? Reuben-Sandwich? Nein? Also wer schon mal drüben war, überm Teich, der hat! Das Reuben-Sandwich gehört nämlich zu den Klassikern der amerikanischen Esskultur, bestehend aus getoastetem bzw. gegrilltem Roggenbrot, das mit Corned beef (oder besser noch Pastrami), Schweizer Käse, Sauerkraut und Russischem Dressing belegt wird. Und das ist lecker. So viel ist klar.

Alles andere ist unklar und Gegenstand hitzigster Debatten, die in den USA mit heiligem Ernst geführt werden. Denn: Wem gebührt die Ehre des ersten Reuben-Sandwichs? Da herrscht ein gnadenloser Sandwich-Meinungskrieg. Die einen wissen: Es war New York, der Erfinder war Arnold Reuben (1883-1970) und er hat es 1914 für Annette Seelos, die mit Charlie Chaplin seinerzeit einen Stummfilm drehte, in seinem Delikatessenrestaurant in Manhattan erstmals aufgelegt. Hat er selbst in einem Interview 1938 bestätigt. Seine Tochter auch. Und auch sein Sohn.

Die anderen wissen: Annette Seelos hat seinerzeit gar nicht mit Chaplin gedreht. Alles Lug und Trug. Es war vielmehr Jacob Reuben, Jude und Metzger. Der hatte ebenfalls einen Delikatessenladen in New York, in Brooklyn. Der war's. In den Dreißigern. Zudem: Das Russian Dressing sei schließlich erst in den Dreißigern mit russischen Emigranten in die USA gekommen. Wie hätte man damit vorher ein Sandwich bestreichen können?

Kommen die nächsten und rümpfen die Nase: Lächerlich, typisch New York, alles, was wichtig ist, soll vom Big Apple kommen. Es kam aber vom Land, mitten aus dem Mittleren Westen, aus Omaha in Nebraska. Reuben Kulakofsky war's, Metzger und Mitglied einer Pokerrunde, die sich im Blackstone Hotel traf. Die wollten lecker futtern. Da hat er's erfunden, irgendwann, zwischen 1920 und 1935. Auf der Speisekarte vom Blackstone habe es überhaupt das erste Mal gestanden. Das habe der Besitzer Charles Schimmel veranlasst. Und überhaupt: Sein Sohn, Ed Schimmel, der ging 1965, man bedenke, 1965!, in New York ins Restaurant von Arnold Reuben. Und daselbst bestellte er ein Reuben-Sandwich, und – das muss man sich mal vorstellen: Die wussten überhaupt nicht, wovon der redet!

So geht es seit Jahr und Tag hin und her. Es füllt die Feuilletons – und lässt alle Sandwichliebhaber im Unklaren. Nur eins ist klar. Alle, bis auf einen, haben gelogen! ❀

ROTE GRÜTZE

Delikate Variante eines kriegsentscheidenden Getreidebreis

Die „Rode Grütt", also die Rote Grütze, ist zweifelsfrei eine sehr norddeutsche Spezialität. In ihrer gelungensten Ausführung sogar eine sehr delikate, was den Sündenfall des ebenfalls sehr norddeutschen Labskaus fast vergessen macht. Dass Friesland die deutsche Esskultur ausgerechnet mit einer Grützenvariante bereicherte, wundert nicht weiter. Über Jahrhunderte hinweg schlugen sich die krummgewehten Friesen aus purer Not vornehmlich Getreidebrei in die leeren Bäuche, in jeder Hütte blubberte über dem Feuer ein mit Getreideschrot und Flüssigkeit gefüllter Grütztopf.

Für das Überleben an sturmumtoster Küste war der Grütztopf sogar von derart überragender Bedeutung gewesen, dass man ihn schließlich in den 1840er Jahren in das nordfriesische Wappen aufnahm. Zumal er der Legende zufolge auch das Kriegsglück entscheidend beeinflusst haben soll. Kriege führten die Friesen gerne und über Jahrhunderte hinweg gegen die Dänen, die immer wieder und für lange Zeit die deutschen Nordmänner und -frauen steuer- und machtpolitisch penetrierten. Bei einer der zahlreichen Schlachten gegen die

Dänen wurden die Friesenmänner derart bunt und blau gehauen, dass sie entmutigt den Rückzug antraten. Da schlug die Stunde der tapferen Friesenweiber! Mit Grütztöpfen bewaffnet warfen sie sich Furien gleich ins Getümmel. Als die Friesenmänner sahen, wie den Dänen die heiße Grütze um die Ohren flog, wuchs aus Scham erneut ihre Kampfeskraft. Das vom Grütztopf schwer beeindruckte Kriegsglück wendete sich zu ihren Gunsten.

Neben dem Grütztopf finden sich im friesischen Wappen noch eine Krone als Andenken an die dänischen Könige, ein halber Reichsadler

als Fingerzeig auf die den Friesen von den deutschen Kaisern gewähr-
ten Freiheitsrechte sowie der stolze Wappenspruch „Liewer düd as
Slav", „Lieber tot als Sklave".

In der Küche begann man irgendwann die Gersten- oder Hafergrütze
mit dem Saft von roten Beeren zunächst zu verfeinern, bis schließlich
der Getreideschrot gänzlich weichen musste zugunsten des beliebten Beerenpotpourris. Und die Stimmen, die doch tatsächlich behaupten, ausgerechnet das sei eine dänische Erfindung, ignorieren wir. Und
zwar entschieden! ⌬

SENF

Perfider Säuglingsschock und Offenbarung für Dumas in Dijon

Die Senfindustrie lebt nicht von dem Senf, den die Menschen essen, sondern von dem, den sie wegschmeißen. Diese einfache brancheninterne Erfolgsformel trägt dem bekannten Umstand Rechnung, dass der meiste portionierte Senf mit Tellern in die Spülmaschine oder mit dem Papptablett vom Grillwürstchen in den Müll wandert.

Dass Senf ausgerechnet zum fetten Würstchen besonders gern gegessen wird, hat nicht allein geschmackliche, sondern auch verdauungsfördernde Gründe. Die kannte man schon lange. In einem Gesundheitsbuch aus dem Jahre 1563 werden die segensreichen Wirkungen von Senf ausführlich beschrieben: „senff ist gutt dem magen, zerteylt die groben speyss, ... macht wohl ausreuspern, ist derhalben gutt denen, welche den atem schwerlich aus- und einziehen".

Das den Senfkörnern entlockte Senföl ist aber eben nicht nur verdauungsanregend, sondern auch scharf. Und die Schärfe machte man sich perfiderweise nicht nur zum Heben des Geschmacks in der Küche zunutze. Das Berliner „eenem Mostrich uff die Titten streichen"

für „jemandem etwas verleiden" rührt vom Niederdeutschen „Semp op de Titt smeeren" und nimmt Bezug auf das Bestreichen der Mutterbrust mit Senf, um Säuglinge vom Stillen zu entwöhnen. Die führende Senfstadt ist bis heute Dijon. Im Frankenreich wurde der Senfanbau wegen seiner geschmacklichen und gesundheitlichen Vorzüge bereits früh gepusht. Schon Karl der Große (742-814) hatte den Senfanbau den Bauern ans Herz gelegt. Gegenpapst Clemens VII. kürte in Avignon gar seinen Neffen zum „päpstlichen Obersenfmeister". An der Qualität und Vielfalt der Senfsorten aus Dijon aber waren maßgeblich seit dem 14. Jahrhundert die Herzöge von Burgund mit einer Vielzahl von qualitätssichernden und teilweise bis heute gültigen Verordnungen schuld.

Die ganze durch Kräuter, besten Essig und vor allem Most (daher Mostard, Mustard und Moutard) erzielte Vielfalt der Senfsorten in Dijon überraschte auch Alexandre Dumas (1802-1870, weltberühmter Autor der „Drei Musketiere" und des „Wörterbuchs der Kochkunst"), der einst auf der Durchreise dortselbst in einem Gasthof Halt machte und zur Bereitung einer Sauce naiv um „etwas Dijon-Senf" bat. Der restlos verdutzte Kellner fühlte sich bemüßigt, indigniert darauf hinzuweisen, dass es in Dijon 84 Senfsorten für Herren und 29 für Damen gebe. Dumas bestellte daraufhin die besten von beiden und erlebte nach eigener Aussage bei der Bereitung seiner Sauce etwas bis heute Nachvollziehbares, nämlich „eine Offenbarung". ⌒

SPAGHETTI CARBONARA

Köhlernudel oder Kriegskind

D ie Band hieß Spliff und landete 1982 mit „Carbonara", dem Song vom blondgelockten germanischen Jüngling, der seine italienische Belladonna mit „Spaghetti Carbonara e una Coca Cola" verführen möchte, einen Hit. Ein Hit ist auch zweifelsfrei die besungene Spaghetti-Variante, die in der Beliebtheitsskala der einfachen italienischen Gerichte irgendwo zwischen Pizza Salami und Spaghetti Bolognese ganz weit oben liegen dürfte – jedenfalls in Deutschland.

Vielleicht rührt die Beliebtheit von jener Essregel her, dass alles, was schmeckt, entweder ungesund ist oder dick macht. So gesehen muss eine Carbonara schmecken, wartet sie doch mit Ingredienzien auf, die man heutzutage als ungesunde Dickmacher allenthalben verteufelt: Fett (Speck und Sahne), Salz (Speck), Kohlehydrate (Nudeln) und ein bisschen Eiweiß (Käse und Eier). Eine Portion Carbonara ist in der Tat eine Energiebombe. Das allerdings musste sie auch sein. Denn angeblich ist die Carbonara oder ein Vorläufer der heute gebräuchlichen Version ein traditionelles Gericht der hart arbeitenden Köhler,

der „carbonari" (carbone=Kohle) gewesen, die in Umbrien im Apennin jenen Brennstoff herstellten, den man in Rom (nicht nur) zum Kochen benötigte.

Das sei zwar eine hübsche Vorstellung, die Geschichte von der Nudel der hart arbeitenden Carbonari, aber eben leider mehr Legende als Wahrheit, behaupten hingegen einige Lokalhistoriker. Die siedeln die Entstehungsgeschichte der Carbonara im Zweiten Weltkrieg an, als amerikanische Truppen 1944 in Rom einmarschierten. Dieser Lesart zufolge waren die Specknudeln eine Zufallskombination aus einheimischem Parmesan und Nudeln sowie den Eier- und Speck-Rationen der US-Soldaten, die in einem Lokal in Rom irgendwann zusammengefügt wurden und Carbonara genannt wurden.

In Italien verwendet man in der Regel Pancetta (luftgetrockneten Bauchspeck), den zu bekommen in Deutschland schon eine gewisse Schwierigkeit darstellt. Doch die höchste Hürde muss jeder Koch nehmen, wenn es gilt, die mit der Sahne und dem Käse geschlagenen Eier unter die heißen Nudeln zu heben, ohne das Ei stocken zu lassen. Da heißt es cool bleiben und abwarten, bis die Temperatur stimmt. Anschließend werden der ausgelassene Speck und grob gemahlener Pfeffer über die Nudeln gegeben. Letzterer wiederum soll an den Kohlenstaub der Köhler erinnern. Und das wollen wir dann einfach mal glauben. 〜

SPARGEL

Manets Mengenrabatt

E s kann nur kochen, dem es gelingt, Spargel ohne Zutat in wonnigster Vollendung aufzutischen!" Von dem für die Feinschmeckerei bedeutenden römischen Feldherrn Lukullus (117-57 v. Chr.) stammt dieser normative Anspruch an alle, die mit Kochlöffeln in Töpfen rühren. Die Römer liebten Spargel, den „Gaumenschmeichler". Nach dem Untergang Roms geriet er allerdings für einige Zeit in Vergessenheit, fristete sein Dasein in Klostergärten. Erst im 16. Jahrhundert begann seine zweite Karriere. Und zwar an den Höfen der europäischen Königs- und Fürstenhäuser. Den Status als Luxusgemüse verlor er erst im 19. Jahrhundert, als die Anbaumethoden rationalisiert wurden und man die bleichende Wirkung von Spargelhauben (heute Erddämme) entdeckte.

Dass ein solch delikates Gemüse auch in der (Stilleben-)Malerei seinen Platz hat, wundert nicht. Eine besonders schöne Geschichte erzählt man sich von Edouard Manet (1831-1883). Der hatte im Jahre 1880 ein Stilleben, ein gemaltes Spargelbund, an Charles Ephrussi (1849-1905), Herausgeber der Gazette des Beaux-Arts, verkauft. Ephrussi war von seinem Bild so begeistert, dass er Manet statt der ausgehandelten 800 Francs freiwillig 1000 Francs zukommen ließ, wo-

raufhin Manet sich flugs erneut an die Staffelei begab. Für eine solche Menge Money gab's Rabatt vom Meister, und zwar ein weiteres Bild. Manet bannte eine weitere, einzelne Stange Spargel, auf einer Marmorplatte liegend, in unnachahmlich flotter und ungezwungener Manier auf die Leinwand. Seinem Gönner ließ er das Bild mit der Bemerkung zustellen, er möge ihm verzeihen, aber: „In Ihrem Bund fehlte noch eine." ∽

SPEISEEIS

Ein historischer Scherz als Startschuss für eine Weltkarriere

Es war eigentlich nur ein Scherz, eine Kirmesattraktion. Wer konnte denn ahnen, was daraus wird? Um 1530 experimentierte ein Zuckerbäcker aus Catania in Sizilien mit Salpetersalz und Wasser. Und entdeckte dabei, dass diese Mischung Kälte erzeugt, Kälte die sogar in der Lage war, Wein gefrieren zu lassen. Das war lustig. Für damalige Verhältnisse jedenfalls. Also zog er zur Unterhaltung des Publikums mit seiner Erfindung über die Jahrmärkte. Schnell begannen die Zuckerbäcker Italiens mit dieser Technik weiter zu experimentieren und rührten so lange, bis schließlich eine Frühform unseres heutigen Seiseeises aus dem Eimer gelöffelt werden konnte. Das war schon eine echte Attraktion, denn Speiseeis konnte von nun an mit sehr geringem technischen Aufwand hergestellt werden.

Natürlich kannte man auch zuvor schon gekühlte Nachspeisen und auch Speiseeis. Nur: Bis dahin hatte man fürs Kühlmittel in die Berge gemusst, hoch hinauf, um von dort Gletschereis und Gipfelschnee hinunter in die Ebenen zu holen, wo es in Kellern und Erdgruben gelagert wurde. Die Chinesen betrieben die Eislagerung bereits um

1000 v. Chr. Im alten Rom war besonders Zündelkaiser Nero bekannt für seine Lust auf eine Nascherei aus Schnee, Rosenwasser, Milch, Honig, Früchten und Baumharz. Er unterhielt eigens eine Läuferstafette zwischen Rom und den Albaner Bergen, um die permanente Versorgung mit Dessertschnee sicherzustellen. Und die Araber stellten ein gesüßtes Schnee-Fruchtsaft-Gemisch her, das sie „sherbet" nannten und das sich bis heute als das bekannte „Sorbet" erhalten hat.

Den entscheidenden Kick erhielt die europäische Speiseeiskarriere allerdings erst mit der Entwicklung der Kaffeehauskultur im 17. und 18. Jahrhundert. Die besten Eismacher waren Stars, wurden von den gesalbten Häuptern heftigst umworben. Charles I. von England drohte seinem Eismacher gar, ihm den Kopf abschlagen zu lassen, würde er seine Rezepte verraten. 1648 fiel dann allerdings infolge des englischen Bürgerkriegs der Kopf von Charles. Und zwar vom Schafott. Sein Eismacher verkaufte daraufhin seine Rezepte an die Kaffeehäuser in Paris. Welche Schande! Paris!

Carl Linde und seine Kältemaschine (1876), das Eis-am-Stil-Patent von Harry Bust aus Ohio von 1923 und natürlich der Siegeszug des Kühlschranks nach dem Zweiten Weltkrieg – was als gesüßter Schnee einst in die Welt kam, machte schließlich Weltkarriere. Unaufhaltsam. ∽

TOMATEN

Rehabilitation für des Mannes roten Rohstoff

Es gibt eine seltsame Affinität zwischen Frauen und Salat. Frauen lieben Salat. Frauen könnten sich vermutlich allein von Salat ernähren. Weil: Salat ist gesund. Im Salat ist alles drin. Vor allem Tomaten! Frische, rohe Tomaten. Ohne Tomaten kein Salat. Nicht, dass Männer nicht auch Salat mit Tomaten äßen. Manche sogar freiwillig. Die meisten aber werden penetriert: „Iss das jetzt! Mensch, tu mal was für Deine Gesundheit! Tomaten sind doch soooo gesund!"

So, Herrschaften, und jetzt mal aufgepasst: Wenn Sie diese ganze Rohkostsalatgesundheitsdikatatur satt sind, dann sollten Sie die folgenden Erkenntnisse der Wissenschaft in sich aufsaugen, um bei nächster passender Gelegenheit ein argumentatives Feuerwerk entfachen zu können. Also Tomaten, ja klar, die sind tatsächlich unglaublich gesund. Gerade für den Mann. Da ist Lycopin drin. Das ist ein Farbstoff, zählt zur Gruppe der Carotinoide. Und dieses Lycopin verhindert Herzinfarkt und Prostatakrebs. Hat man rausgefunden. In Amerika. Und dieses Lycopin hat sogar noch andere, zellschützende Eigenschaften. Das verhindert die Alterung der Haut, schutzl vor Sonnenstrahlen.

Also, Tomaten sind wirklich supergesund. Aber eben nicht als Salat! Verstehen Sie Herrschaften: nicht als Salat! Lycopin kann vom Körper nämlich nur bzw. am besten aufgenommen werden, wenn die Tomaten erhitzt wurden. Dann brechen die Zellhüllen auf, und erst dann kann man ran ans Lycopin – als Mann.

So, und wo sind erwärmte Tomaten drin? Im Ketchup! Verstehen Sie Herrschaften? Im Ketchup! Also weg mit dem Salat! Und aus der Flasche über die Pommes. Und über die Currywurst! Immer feste druff. Das ist gesund! Das ist Krebsvorsorge! Da wird man uralt! Und zwar ohne Falten! Also: Wer isst hier gesund?

TUPPER

Umsatzpotente Geselligkeit im Wohnzimmer

Die Vertriebsform ist schon skurril. Hat sich auch seit über 50 Jahren nicht viel dran geändert: Männer raus aus'm Haus, Frauen rein ins Wohnzimmer, und dann bei Kaffee und Kuchen oder Weinchen und Salzstangen Plastikschüsseln gucken. Und kaufen. Neuester Nachbarschaftstratsch inklusive. Mutet ein bisschen puschig an, riecht ein bisschen nach Vorstadtmuttigemütlichkeit. Funktioniert aber. Weltweit reden sich rund 900.000 solcher Berater/innen in Diensten von Tupper auf den privaten Verkaufssessions den Mund fusselig, um all die Töpfchen und Schälchen an die Frau zu bringen. Allein in Deutschland finden jährlich 1,5 Millionen Tupperwarenpartys statt mit insgesamt 14 Millionen Gästen. Weltweit sind es zwölf Millionen dieser Verkaufsveranstaltungen, alle 2,5 Sekunden eine Tupperparty! In 500 Millionen Haushalten weltweit sollen angeblich Tupperprodukte im (Kühl-)Schrank stehen.

Earl Silas Tupper (1907-1983) war der unbekannte Bekannte, der in den Vierzigern des letzten Jahrhunderts mit den neu erfundenen Kunststoffen, vor allem dem Polyäthylen, experimentierte – und zwar für Lebensmittelbehälter. Bis dahin hatte man den neuen Wunderstoff

vor allem für Kabelisolationen verwendet. 1946 erfand er schließlich die legendäre „Wunderschüssel", die luft- und wasserdicht verschließbar war. Plastik statt Glas und Keramik – das war der revolutionäre Aufbruch in die schöne neue Warenwelt der Küche. Der Verkauf über Geschäfte verlief jedoch nur schleppend. Ende der Vierziger entwickelte er dann gemeinsam mit dem Vertriebsmann Brownie Wise das bekannte Tupperwaren-Party-Prinzip. Seit 1962 kann man Tupperware auch in Deutschland kaufen. Vier Jahre zuvor hatte der Erfinder sein Unternehmen aber schon für 16 Millionen Dollar verkauft. Heute macht die Tupperware Brands Corporation 1,7 Milliarden Dollar Umsatz (mittlerweile gehören auch Kosmetikartikel und eine Vertriebsorganisation zum Konzern).

Doch bei allen weiteren Innovationen im Produktbereich – die größte Wohltat stellt das 1949 patentierte Verschlusssystem dar, der Deckel, mit dem man allein durch ein leichtes Andrücken seiner biegsamen Oberfläche die Innenluft herauspressen und im Innern ein lebensverlängerndes Vakuum herstellen kann. Das ist kinderleicht und funktioniert. Das ist genial. Und dafür gebühren Tupper Ruhm und Ehre. ᴄᴏ

ÜBERGEWICHT

Fast-Food-Junkies auf dicken Pferden

Jetzt ist es also raus: Fast Food macht süchtig! Wer einmal mit Ketchup, Currywurst und Hamburger anfängt, kann nicht mehr aufhören. Wie ein Junkie. Hat man im Tierversuch festgestellt. An der Universität Princeton in den USA. Grund sind Fett und Zucker im Schnellimbiss. Der Zucker lässt den Insulinspiegel durch die Decke schießen, das Fett erzeugt Glückshormone. Sank der Zuckerspiegel, wollten die Versuchstiere den nächsten „Schuss", gierten erneut nach Zucker und Glückshormonen. Und so ging's immer weiter. Direkt in die animalische Adipositas. Oder in die Entzugserscheinung: Zittern und Zähneklappern. Auch wie ein Junkie. Ob man das Versuchsergebnis auf den Menschen übertragen kann, wird noch bezweifelt. Von der Wissenschaft. Von Fast-Food-Junkies nicht.

Ob zu den Versuchstieren in Princeton auch amerikanische Reitpferde gehörten, dürfte bezweifelt werden. Läge aber nahe. Die werden nämlich auch immer dicker. Alarmierend dicker, zehnmal so dick wie zehn Jahre zuvor: Über 50 Prozent der amerikanischen Gäule sind übergewichtig, 20 Prozent gar adipös. Wie die Junkies, die auf ihnen sitzen. Bei denen liegt's am Fast Food. Und da weiß man ja jetzt auch

warum. Bei den Gäulen liegt es daran, dass sie sich zunehmend auf jenen Weiden mästen, auf denen der Rohstoff fürs Fast Food zur Schlachtreife heranwächst. Das besonders fette Gras der Rinderweiden soll Schuld sein am Übergewicht vom US-Ross.

Pferd dick, Reiter dick – da hilft nur eins: reiten, reiten, reiten! ∾

WIENER WÜRSTCHEN

Warum Wiener eigentlich Frankfurter sind – und umgekehrt

E s ist, wie so oft im Leben, eine Frage des Standpunkts. Auch beim Würstchen. Zum Beispiel: Wenn man als Frankfurter in Wien ein Paar Wiener bestellt, wird man keine Wiener erhalten, sondern blöd angeschaut. Als Frankfurter sollte man in Wien Frankfurter bestellen, wenn man Wiener haben möchte. Wenn hingegen ein Wiener in Wien Frankfurter bestellt, erhält er Wiener. Wenn ein Wiener aber in Frankfurt Frankfurter bestellt, wird man ihm Frankfurter servieren, obwohl er Wiener erwartet. Bevor Sie jetzt an Ihrem Verstand zweifeln: Das hat alles seine Ordnung. Man muss nur wissen, wie sich die Dinge zueinander verhalten und wie sie entstanden sind.

Beginnen wir bei den Frankfurtern: Dass die Frankfurter schon immer eine Frankfurter Wurst hatten, spätestens aber seit dem 13. Jahrhundert, bezweifelt niemand. Am wenigsten die Frankfurter. Ursprünglich war es allerdings eine Bratwurst. Die Metamorphose zur geräucherten Siedewurst erfolgte vermutlich erst irgendwann Mitte des 19. Jahr-

hunderts. Frankfurter sind seither, neben Gewürzen, allein mit Schweinefleisch und Bauchspeck gefüllt. Und sie sind herkunftsgeschützt. So viel zum Frankfurter Würstchen.

Stellt sich als nächstes die Frage: Wie kommen die Wiener in die Wurstwelt? Schuld an den Wienern ist ein Frankfurter. Nein, eigentlich war er ein Gasseldorfer, also ein Oberfranke. Der hieß Johann Georg Lahner (1772-1845), hatte aber im Frankfurter „Worschtquartier" sein Handwerk als Metzger gelernt. Lahner ging auf die Walz, verdingte sich als Ruderknecht auf einem Donaudampfer und erreichte so Wien. Hier fiel er einer Baronin in die Hände, die großen Gefallen an ihm hatte und ihm darob Geld gab, womit sich der Frankfurter in Wien eine Selcherei (Räucherei) einrichtete.

In Erinnerung an die Frankfurter erfand er hier ein neues Würstchen, dem er zum Schweinefleisch erstens Rindfleisch hinzufügte, was er in Frankfurt nicht gedurft hätte, weil die Frankfurter Metzger damals jeweils nur eine Tiersorte verarbeiten durften. Und das er zweitens „Original Wiener Lahner-Frankfurter Würstel" nannte. Beim Wiener blieb aber allein das „Frankfurter" hängen. Während außerhalb Wiens die ganze Welt von Wienern redet, bestellt der Wiener stur Frankfurter, wenn er Wiener möchte. Was ein Frankfurter in Wien allerdings erhält, wenn er Frankfurter bestellt und auch Frankfurter will und keine Wiener, weiß der Teufel!

ZUCKERRÜBE

Napoleons Großtat für den alltäglichen Zucker im Kaffee

Wenn Sie morgens Ihr Zückerchen in den Kaffeebecher rühren, was glauben Sie wohl, wem Sie zu verdanken haben, dass Sie sich dafür finanziell nicht restlos ruinieren müssen? Ihrem Supermarkt? Ja, auch. Aber vor allem einem berühmten Korsen. Sie verdanken es Napoleon, dem Revolutionskaiser! Kommt man so schnell nicht drauf, ist aber so. Bis zu Napoleons segensreichem Wirken war Zucker nämlich Rohrzucker. Und purer Luxus: Noch Ende des 18. Jahrhunderts musste ein einfacher Arbeiter fünf Tage lang für ein Kilo Zucker arbeiten. Für die heute üblichen ca. 35 Kilo pro Person und Jahr hätte er 175 Tage schuften müssen.

Einige Zeit nach Napoleon war europäischer Zucker aber nicht mehr Rohr-, sondern Rübenzucker. Und erschwinglich. Weil: Rüben wachsen in heimischer Scholle, Zuckerrohr nicht. Bis zur Erfindung des Rübenzuckers hatte man Rohrzucker von weit her nach Europa importieren müssen. Zum Beispiel von den Westindischen Inseln, wo auf Zuckerrohrplantagen Sklaven verheizt wurden. Im späten 17. Jahrhundert entwickelte sich so der berühmt-berüchtigte Dreieckshandel: Schiffe segelten von Europa nach Afrika, luden Sklaven ein, segelten

weiter in die Karibik, tauschten Sklaven gegen Zucker (und Rum), den sie dann in Europa verkauften. Ein lukratives Geschäft. Und ein skrupelloses. Aber das europäische Bedürfnis nach Süßem, zum Beispiel in Kaffee und Tee, wollte gestillt werden. Maßgeblich beteiligt am Rohrzuckerhandel: die Briten, die alten Kolonialisten.

Als dann die Revolution in Frankreich losbrach, wirkte sich auch das auf den Zuckerpreis aus. Denn Freiheit und Gleichheit, das fanden auch die Sklaven auf den Zuckerrohrplantagen in Übersee super. Die in diesem Sinne gezündelten Sklavenaufstände führten zu Lieferstörungen – und zu noch höheren Preisen als bisher. Und als dann Kriegskaiser Napoleon gegen seinen Lieblingsgegner Großbritannien 1806 auch noch die berühmte Kontinentalsperre aufbaute, die jedweden Handel des europäischen Kontinents mit den Engländern unterband (bis 1814), war endgültig Schluss mit Zückerchen im Kaffeebecher. Verzweifelt suchte man in (Kontinental-)Europa nach einem Rohrzuckerersatz.

Jetzt schlug die Stunde der Zuckerrübe: Bereits 1747 hatte der Berliner Chemiker Andreas Sigismund Markgraf entdeckt, dass die Rübe zuckerfähig war. Sein Schüler Franz Carl Achard hatte vom preußischen König im niederschlesischen Rittergut Kunern 1801 die Möglichkeit erhalten, ein Verfahren zur Rübenzuckergewinnung zu entwickeln. Doch richtig in Schwung kam die Rübenzuckerstory erst, als sie fran-

zösische Chefsache wurde. Napoleon war es, der den massiven Anbau von Rüben veranlasste, in die Zucht neuer Rübensorten investieren ließ und den Bau von über 40 Zuckerrübenfabriken in Frankreich, Deutschland, Österreich und Russland unterstützte.

Napoleon musste dann mal nach St. Helena. Die Blockade wurde aufgehoben, und eine Rohrzuckerschwemme drückte die Rübe aus dem Markt. Vorerst. Auf lange Sicht konnte die von Napoleon angeschobene Zuckerrübenkarriere aber nicht mehr aufgehalten werden. Die Rübe brach schließlich das Rohrzuckermonopol und seine Preise und trug so mit dazu bei, die unrentabel gewordene Sklavenarbeit zu beenden. Für ein so olles runzeliges Gänsefußgewächs, das bis dahin bestenfalls als Armen- und Viehfutter Verwendung fand, keine schlechte Bilanz! ∾

BIBLIOGRAPHIE

Eine kleine Auswahl

Bertschi, Hannes; Reckewitz, Marcus: Champagner, Trüffel und Tatar. Neue kuriose Geschichten aus der Welt der Speisen und Getränke, Berlin 2004

Bertschi, Hannes; Reckewitz, Marcus: Safran, Sushi und Prosecco, Frankfurt a. M. 2007

Bertschi, Hannes; Reckewitz, Marcus: Von Absinth bis Zabaione. Wie Speisen und Getränke zu ihrem Namen kamen und andere kuriose Geschichten, Berlin 2002

Brillat-Savarin, Jean Anthèlme: Physiologie des Geschmacks, Frankfurt a. M. 1979

Davidson, Alan: The Oxford Companion To Food, London, New York 2002

Gutknecht, Christoph: Pustekuchen! Lauter kulinarische Wortgeschichten, München 2002

Hopkins, Jerry: Strange Food, Frechen 1999

Kluge, Friedrich: Etymologisches Wörterbuch der deutschen Sprache, Berlin 2002

Moulin, Leo: Augenlust und Tafelfreuden. Essen und Trinken in Europa – eine Kulturgeschichte, München 2002

Paczensky, Gert von; Dünnebier, Anna: Kulturgeschichte des Essens und Trinkens, München 1999

Root, Waverley: Alles, was man essen kann. Eine kulinarische Weltreise, Frankfurt a. M. 2002

Schultz, Uwe (Hrsg.): Speisen Schlemmen Fasten. Eine Kulturgeschichte des Essens, Frankfurt a.M. 1995

Siebeck, Wolfram: Die Deutschen und ihre Küche, Berlin 2007

Teubner Edition: Das große Buch vom Wild, Füssen 1992

Teuteberg, Hans J.; Wiegelmann, Günter: Unsere tägliche Kost. Geschichte und regionale Prägung, Münster 1986

Thimm, Utz; Wellmann, Karl-Heinz (Hrsg.): Essen ist menschlich. Zur Nahrungskultur der Gegenwart, Frankfurt a. M. 2002

Uecker, Wolf: Brevier der Genüsse. Eine kulinarische Warenkunde von der Auster bis zur Zwiebel, München 1986